मुक्तिबोध

एक व्यक्तित्व सही की तलाश में

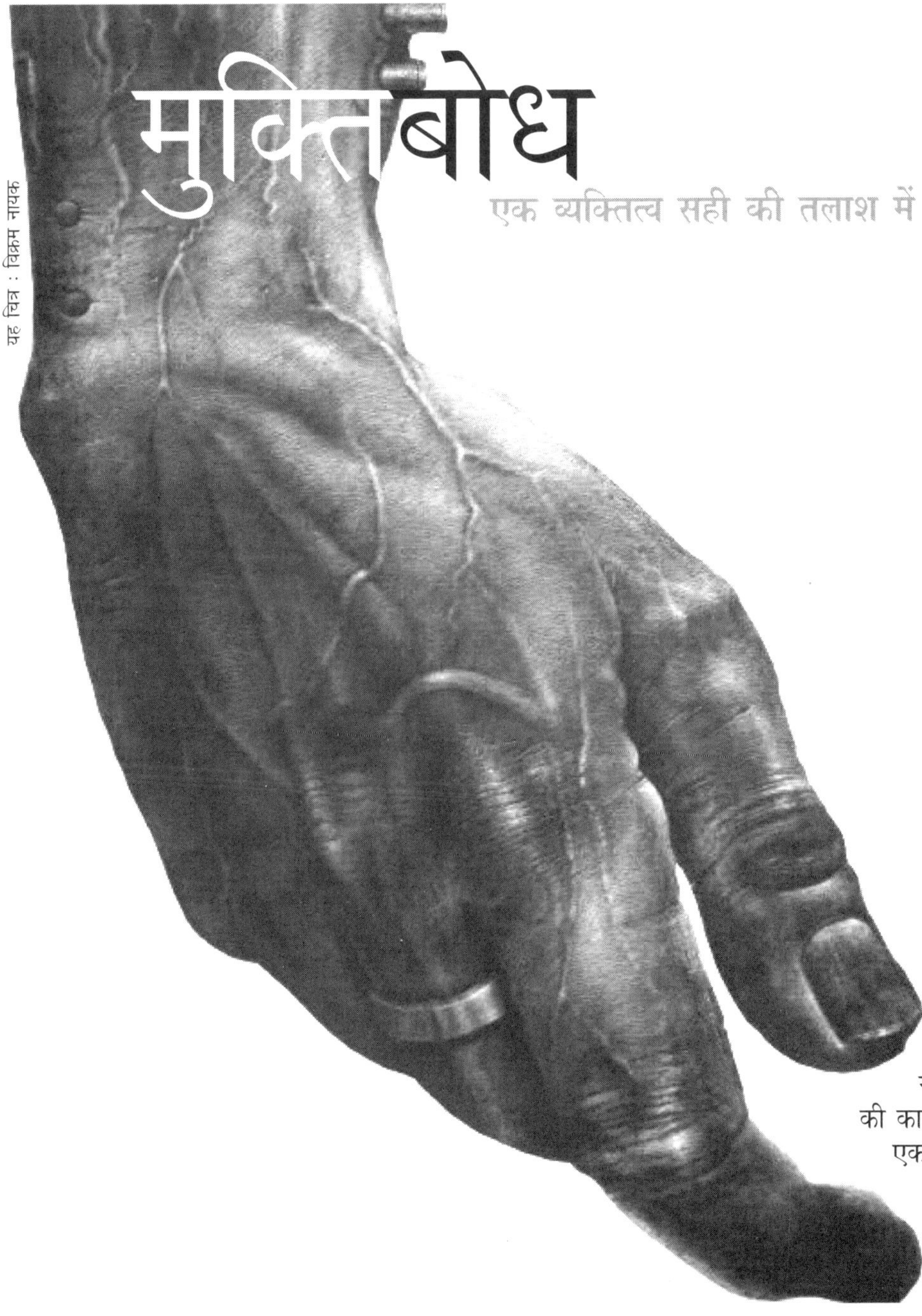

यह चित्र : विक्रम नायक

गजानन माधव मुक्तिबोध
की काव्य-पंक्तियों को पढ़ने का
एक पाठकीय रुझान यह भी

राजकमल प्रकाशन

मुक्तिबोध

एक व्यक्तित्व सही की तलाश में

कृष्णा सोबती

इस पुस्तक में उद्धृत गजानन माधव मुक्तिबोध की लम्बी कविताएँ और छिटकी काव्य-पंक्तियाँ आलोचक, समीक्षक नेमिचन्द्र जैन द्वारा सम्पादित 'मुक्तिबोध रचनावली' से ली गई हैं। 'मुक्तिबोध रचनावली', राजकमल पेपरबैक्स, 1985 में पहली बार प्रकाशित।

ISBN : 978-81-267-3042-1

मूल्य : ₹495

पहला संस्करण : 2017

प्रकाशक : राजकमल प्रकाशन प्रा. लि.
1-बी, नेताजी सुभाष मार्ग, दरियागंज
नई दिल्ली-110 002

शाखाएँ : अशोक राजपथ, साइंस कॉलेज के सामने, पटना-800 006
पहली मंजिल, दरबारी बिल्डिंग, महात्मा गांधी मार्ग, इलाहाबाद-211 001
36 ए, शेक्सपियर सरणी, कोलकाता-700 017

वेबसाइट : www.rajkamalprakashan.com
ई-मेल : info@rajkamalprakashan.com

आकल्पन : मनीष पुष्कले

मुद्रक : यश प्रिंटोग्राफिक्स
नोएडा-201301 (उत्तर प्रदेश)

MUKTIBODH
Ek vyaktitwa sahi ki talash main
A Critical Study by Krishna Sobti

हे प्रखर सत्य,
अब तक तुम तक मैं आ न सका
मन के छन्दों में चरण तुम्हारे ला न सका
भूले-भटके-से शब्द अधूरी बात,
जल पंख गए,
विहगों की उड़कर गिरी पाँत

...पर अभिव्यक्ति की सजग लालसा अटक रही
ज्यों लोभ अटक आख़िरी साँस में भी रहता, वह जान
हे प्रखर सत्य
कितना जूझा, कितना जूझा
शब्दों की प्राचीरों से
इसका खुलता सिंहद्वार
पर कुछ हो न सका कुछ पा न सका
जीवन का अन्धा सूर हाय कुछ गा न सका,
हे प्रखर सत्य, अब तक तुम तक मैं आ न सका।
तेरे आलोक-वलय में जीवन ला न सका।

(मुक्तिबोध)

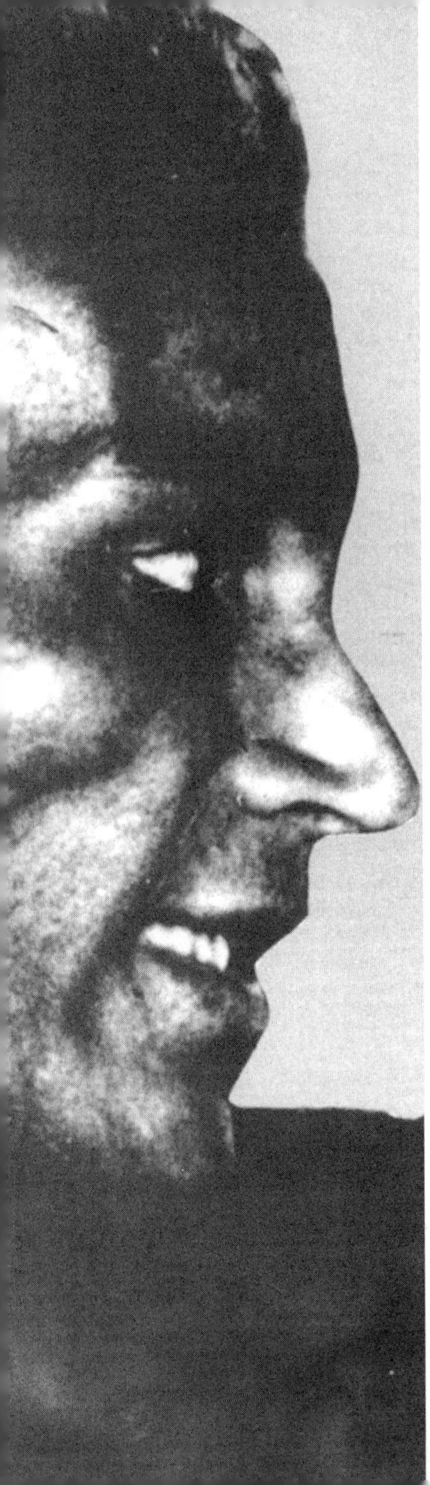

देख
मुझे पहचान
मुझे जान
देखते नहीं हो
मेरी आग
मुझ में
जल रही
अब भी

फिर उजालों को अपनी रूह में भरते हैं

भारतीय मन की रचनात्मक ऊर्जा, वैचारिक शक्तियाँ और सर्जनात्मक अभिव्यक्तियाँ अनेकानेक कलात्मक तत्त्वों से भरपूर रही हैं। हमारी विधाएँ साथ-साथ, आगे-पीछे और आमने-सामने होकर भी एक-दूसरे को निहारती, छानती रही हैं; रचनात्मक विधाओं के मुखड़ों को संवेदनात्मक प्रतिभा से सँवारती रही हैं। मुक्तिबोध ने कविता के मर्म, धर्म और कर्म के साथ कविता की भाषा और संवेदन को जीवन के यथार्थ से जोड़ दिया।

मुक्तिबोध अपने में जिस इंसानी अस्मिता के अहसासों को महसूस करते हैं—अपनी सीमाओं को भी उसके विस्तार में समेट लेना चाहते हैं इस खौफ से कि कहीं वह तितर-बितर न हो जाए। वह परिवर्तन की शर्त से बँधी है। मुक्तिबोध स्वय अपनी सोच के अँधेरों से आतंकित होते हैं। फिर उजालों को अपनी रूह में भरते हैं। अपनी आत्मशक्ति की प्रखरता को जाँचते हैं और मुक्तिबोध से आत्मबोधी बन जाते हैं।

गुमनाम समुन्दरों के गहन पैंदे तले छिपी जिन्दगी की तिलस्मी खोह की भित्ती फोड़ जन्म-जन्मान्तरों के बाद एक बेचैन भारतीय आत्मा पृथ्वी के नक्षत्र सेतु पर चलती तूफानी हवाओं में फड़फड़ाती ठीक मध्य प्रदेश ग्वालियर की सीमाओं में आन उतरी।

समुन्दर में कहीं डूबी हुई जो पुण्य—
गंगा वह
अचानक कूच करती सागरी तल में उभर ऊपर
भयानक स्याह बादल पाँत बनकर
फन उठाती है दिशाओं में

निरंतर गूँजती तड़-तड़ तड़ातड़
जैसे तेज टाइप हो रहे हैं शब्द
बाहर धूल में जो शब्द गड़ते हैं
कि मुद्रित कर रहा है
आसमानी हाथ
तिरछी मार छींटों की
घटाओं की गरज में
बिजलियों की चमचमाहट में
अँधेरी आत्मसंवादी हवाओं से
चपल रिमझिम
दमकते प्रश्न करती है
मेरे मित्र
कुहरिल गत युगों के अपरिभाषित
सिंधु में डूबी
परस्पर जो कि मानव-पुण्य
धारा है
उसी के क्षुब्ध काले बादलों को
साथ लायी हूँ
बशर्ते तय करो
किस ओर हो तुम, अब
सुनहले उर्ध्व आसन के
निपीड़क पक्ष में, अथवा
कहीं उससे लुटी टूटी
अँधेरी निम्न कक्षा में तुम्हारा मन
अचानक आसमानी फासलों में से
चतुर संवाददाता चाँद ऐसे
मुस्कराता है।

आत्ममुग्धता की भी श्रेणियाँ होती हैं

मुक्तिबोध ने नाम पाया विशाल भारतीय बुद्धिजीवी की मनःस्थितियों का पर्याय मुक्तिबोध। कविता के मनोवैज्ञानिक अन्तस के अँधेरों और उजालों के बीच तैरता मुक्तिबोध का आक्रामक आत्मविश्वास कविता-पंक्तियों को कुछ ऐसे गतिमान करता है कि अँधेरे और उजालों के अक्स सीधे पाठक की रूह को उद्वेलित करते हैं। कविता के पंक्तिबद्ध संयोजन करने की सचेष्ट व्यवस्था के बाहर भी कवि मन की तरंगें पाठकीय चेतना को खटखटाती हैं और चित्रात्मक आहटों में सरसराती हैं। यह सब वे किसी बँधे-बँधाए शिल्प और शैली में नहीं गूँथते, अपनी स्वाभाविक तर्ज में अपने भाव और कथ्य को अंजाम देते हैं।

उनकी विचार सम्पदा किसी वेगवती नदी के साथ बहती लगती है। मुक्तिबोध का रचना-संसार अपने देश के सांस्कृतिक पर्यावरण के धूप-छाँही विस्तार, विन्यास में फैला है।

उनके अपने शब्दों में लेखक अपने होने की घेराबन्दी को तोड़ किसी अन्य के मर्म में प्रवेश करता है तो अपनी ही नजर में उसकी भूमिका बदल जाती है। मुक्तिबोध को पढ़ते हुए लगता है कि आत्ममुग्धता की भी श्रेणियाँ होती हैं।

वर्णमाला में लिख दिए इस जीवन और जगत के हजार रंग–नद-नदियाँ, पर्वत-पठार, भूरे, बर्फीले, हरे-भरे रेतीले विस्तार, पोखर, झीलें, चाँद-सितारे, आकाश और ऐसे विशाल सृष्टि के विस्तार में हर साँस के साथ धड़कता विशाल पुरुष। मुक्तिबोध के शब्दों में–

दोनों हम और वह शून्य।

मुक्तिबोध इस निःसंग विराट के आतंक में हैं।

काली सूनी
उस अन्तरिक्ष शैया
पर लेटा है
वह भयानक
विचित्र निःसंग विराट।
मेरे हृदय की धक-धक पूछती है—
वह कौन
सुनाई जो देता है
पर नहीं देता दिखाई
मैं इस उलझन को
सुलझा नहीं पाता
वह कठिन है।

कानों की कल्पना कम दिलचस्प नहीं

बहैसियत कवि मुक्तिबोध की इस जगत में सुलगती दिन-रात की स्याह सफेदी और उसमें से उभरती हमारे बहुरंगी लोक की निरंतरता की बहुलहरिया में ब्रह्मांड पुरुष की सोती हुई मानव देह की तरह ही दो कानों की परिकल्पना विलक्षण है। मुक्तिबोध के असंख्य प्रतीकों और बिंबों में यह अद्‌भुत है। इस लोक के शोर और कोलाहल को विराट पुरुष तक पहुँचाने वाले कानों की कल्पना कम दिलचस्प नहीं। नश्वरों की आवाजें, प्रार्थनाएँ, कामनाएँ, शिकायतें, उलाहने सब वहाँ तक कैसे पहुँच सकते हैं अगर प्रभो नींद में हों और उनके कान बंद हों। मुमकिन है वैज्ञानिकों की मदद से जल्दी ही यह सुविधा भी मानव समाज को प्राप्त हो जाए!

मुक्तिबोध अपनी लेखकीय हस्ती में अपनी इंसानी पहचान कैसे करते हैं? यह भी खासा दिलचस्प है। वे स्वयं अपने में दूसरे को सम्बोधित करते हैं। इस मुखड़े को देखें–

गोल स्याह धब्बा
जो हमेशा साथ-साथ चलता है
और जाने किस
भयंकर उपग्रह के शीश पर
कदम रखे हम दोनों–
मैं और मुझमें उगा मेरा दूसरा लेखक।

हम मानवीय मूल्यों की सर्वाधिक सर्व स्तरीय नियंत्रणशील स्थापना चाहते हैं।

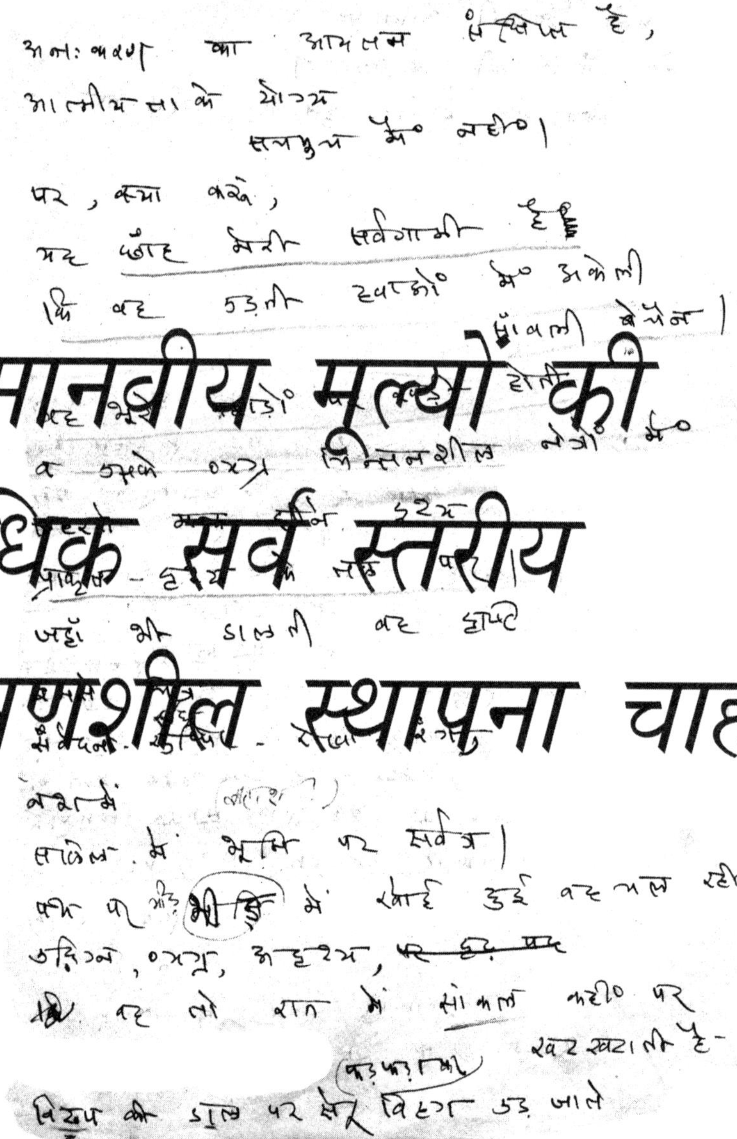

मुक्तिबोध की हस्तलिपि
(सौजन्य : अग्नेष्का सोनी)

मृत्युलोक के नश्वर

अपने व्यक्तित्व की पहचान करते हुए मुक्तिबोध अपने में दो संज्ञाओं, दो मुखड़ों को चीन्हते हैं। दोनों एक-दूसरे में गुँथे हैं—साथ-साथ साँस लेते हैं, धड़कते हैं और फिर भी अलग-थलग हैं। एक वह जो मुक्तिबोध है, दूसरा वह जो रचनाकार हो जमा है अपने आन्तरिक के गहन में—स्वयं अपना ही निरीक्षण करते हुए और निष्कर्षों तक पहुँचते हुए—

मैं अपने में ही सम्मोहित
मन में डूबा निज में ही
मेरा ज्ञान उठा निज से ही
मार्ग निकाला अपने में ही
जब खोया
तो अपने से ही कुछ पाया।
निज का उदासीन विश्लेषण
आँखों में आँसू भर लाया
मेरा जग से द्रोह हुआ पर
मैं अपने से ही विद्रोही।

यह भाव हर लेखक के अन्तस्थल में देर-सबेर स्पन्दित होता है। द्रोह और विद्रोह में फर्क करते हुए मुक्तिबोध लेखकीय अहम और मानवीय निजता को अलग रखते हैं।

मुक्तिबोध के लेखकीय अस्तित्व में ब्रह्मांड के विशाल, विराट विस्तार का भौगोलिक अहसास और उससे उभरती, उफनती रचनात्मक कल्पनाएँ अन्तरिक्ष, पृथ्वी और घनी आबादियों के शोरगुल-कोलाहल के अलावा उनके ध्वनि-संसार में से उठ खड़े होते हैं—कुटुम्ब, कबीले, व्यक्ति, नागरिक, जातीयता, सामाजिक समूह, और राजनीतिक दलों के अखाड़े।

इन पंक्तियों में जैसे वह मृत्युलोक के नश्वरों से कहते हों :

जीवन की लौ को घेरे हुए
सहस्रों वर्षों से यह सागर
उफनता आया है
उसका तुम भाष्य करो
उसका आख्यान करो
चाहो तो उसमें तुम डूब मरो
अतल निरीक्षण को
मरकर तुम पूर्ण करो।
अपने से ऊपर उठना
अपने से नीचे गिरना है
आज तुमसे बहस नहीं होगी
क्योंकि भीतर की
सारी सम्पन्नता के बावजूद
मैं वह रेगिस्तानी मुल्क हूँ
जिसमें हर बुराई
हर कमी
हर रुकावट
प्यार से कायम रखी है
इसलिए कि अपने से
ऊपर उठना
अपने से नीचे गिरना है।

जानना कठिन है

अद्भुत है दो छोरों पर ऐसी तटस्थता जिसके होने से ही लेखक का अन्तर निरन्तर जागरूक है। ऊपर उठकर अपने अहम को संयमित करने के बहाने यह कहना कि अपने से ऊपर उठना अपने से नीचे गिरना है।

अपनी ही काट-पीट
गलत के खिलाफ
नित सही की तलाश में
कटे-पीटे वाक्यों के
कटे-पीटे गणित के
उलटे उछरे अक्षरों सा
अंकों सा।

मुक्तिबोध अपने लेखक होने की हैसियत को सहज ही व्यावहारिकता की पटरी पर उतार देते हैं। ऐसा करते हुए उनकी शब्दावली लिखित से बोलचाल के मुहावरे पर उतर आती है। यह चमत्कारी प्रखरता क्या है, क्यों है, इसे जानना कठिन है।

तुम्हारे शब्द
मेरे शब्द
मानव देह
धारण कर

भटक कर
घूम-फिरकर
सब तजुर्बे ले
उस बरामदे
में जा पहुँचे हैं
उपेक्षित काल पीड़ित
सत्य जिस घर में।

गतिमति और व्यक्तिमत्ता

मुक्तिबोध का वैशिष्ट्य उनका विचार पक्ष है जो व्यक्ति और समाज के ऐन बीचोबीच की जटिलताओं में से गुजरता है। उसकी खलबलियों को अंकित करता है।

बात अभी कहाँ पूरी हुई है
आत्मा की एकता में दुई है
इसीलिए
स्वयं के अँधेरों के शब्द और
टूटी हुई पंक्तियाँ
व उभरे हुए चित्र
टटोलता हूँ उनमें कि
कोई उलझा, अटका हुआ सत्य
कहीं मिल जाए
उलझन में पड़ा हूँ
अपनी ही धड़कन गिनता हूँ
मैं उनके नियमों को खोजता
नियमों को ढूँढ़ता हूँ
अपवाद पर अकस्मात
उपलब्ध होते हैं नियम अपवाद के।

कविमन बेचैनी में खोजता है आँखों से ढूँढ़ता है—मानो ‘सत्य’ किसी मकड़ी के जाल में फँसा हो। वह जाला कुछ और नहीं अपने में चलती धड़कनें हैं, जहाँ से उठ खड़े होते हैं नियमों के अपवाद।

अद्‌भुत है रचनात्मक मानसिकता का विस्तार। सोच प्रामाणिक वही नहीं जो मेरी है—दूसरे प्रबुद्ध की वैचारिक सीमाएँ और क्षमताएँ भी उसे प्रभावित करती हैं। मुक्तिबोध के लेखक ने अपनी रचनात्मक हस्ती में एक मुकम्मल आलोचक की उपस्थिति जाग्रत कर रखी थी। एक अनिवार्य निःसंगता ताकि आत्मतल को घेरे अँधेरे और उजालों से अपने मर्म को निहार, सुधार सकें।

मेरी प्रतिक्रियाएँ
सही हैं या गलत हैं या कुछ और
सत्य हूँ भी कि नहीं कि सिर्फ
कहने का तरीका
सुबह से शाम तक
मन में ही
आड़ी-तिरछी लकीरों को
सही करता हुआ
मैं

इसी का एक और रंग—

बाघ नख

अहम के तथ्य के बहाने
कैसे हैं सत्य
ढाक-ढक चाहते हैं जुड़ें
बड़े नाखून
किसके लिये हैं

यह बाघ नख
कौन है अभागा यह?

मानो या न मानो तुम

मानो या न मानो तुम
अधूरी सतही जिंदगी में भी
जगत पहचानते मन जानते
जी माँगते तूफान आते हैं
व उनके धूल धुँधले कर्ण कर्कश
गद्य छंदों में
तड़पते भान दुनिया छान आते हैं
अचानक इम्तिहानों के तजुर्बों से
बुजुर्गी आ गयी जिनको
कि ऐसे दर्दवाले ज्ञानवाले

जी पिलाते मन मिलाते दिल
जगत के भव्य भावोद्दण्ड तूफानी
सुरों से सुर मिला अगले दुर्घट
विकट घटनाक्रमों का एक
पूरा चित्र-स्वर संगीत
प्रस्तुत कर

महकती मकहाती

महकती महकाती
सहज निजत्व गन्ध

तुम मुझे चाहिए
मुझे दो
मुझे लो
मानवीय हार्दिक क्षमता को
क्षण को
मानवीय प्रतिभा के रंग की
निजत्व विद्युत रेखा
दमकती फिरती है चारों ओर

पुत्र की अंतर्कथा से ये पंक्तियाँ–

माँ-पुत्र

आगे आगे माँ पीछे मैं
उसकी दृढ़ पीठ जरा सी झुक
चुन लेती डंठल पल भर रुक
वह जीर्ण नील वस्त्रा
है अस्थि-दृढ़ा
गतिमति व्यक्तिमत्ता
कर रहा अध्ययन मैं उसकी
मजबूती का
उसके जीवन से लगे हुए
वर्षा गरमी सरदी और क्षुधा
तृषा के वर्षों से
मैं पूछ रहा–

मुक्तिबोध की लंबी कविता के इन अद्भुत शब्दों के लिए आज की स्त्री-विमर्श वाली भीड़ कवि को साधुवाद कहे कि मुक्तिबोध ने माँ की महिमा के तमाम दैवी प्रकरणों में पहली बार दो विशेषणों–गतिमति और व्यक्तिमत्ता– का प्रयोग किया।

मेरा समय

यह है मेरा समय–मेरे आसपास फैला। मेरी धड़कनों में गुँथा, मेरी गलियों में, अँधेरे और उजालों में, दिन-रात की तरंगों में मेरी टिक-टिक करती साँसों में संस्कार और विचार को परिष्कृत और परिमार्जित करने के प्रयासों में।

–मुक्तिबोध

मानसिकता में माँ

भारतीय परिवार संस्थान की मानसिकता में माँ ऋतुमति अर्थात गतिमति है। वह संतति के हर जन्म के साथ गतिशील है। परिवार समय को अंकित करते हुए भी व्यक्तिमत्ता शब्द उसके पारिवारिक चौखटे में संबंधों की गुणा है। व्यक्ति का शब्द सम्मान हमारे लोकतांत्रिक संविधान ने माँ को भी दिया है। पिता के लिए वे कहते हैं :

पिता तुम्हारी वीर जीवन
इतिहास कथा
देती है मेरी प्रेरणाओं को
दिशाएँ बता
आँसू पोंछ जाती वे
धीरज बँधाती वे
संग्राम का शिल्प मुझे अचूक
सिखा जाती है
संघर्ष में मुझे देती
सत्य की महान व्यथा
पिता तुम्हारी मुझे आती है
याद जब
मेरी तुच्छता की ही आती

पहचान तब
तेरा पुत्र दीन मैं
किंतु नहीं हीन मैं
कि नहीं बलहीन मैं
करामाती नहीं फिर भी
दिखाता हूँ करतब
पिता तुम्हारी मुझे याद आती
है जब
मुझे दीख पड़ता है सामने
ही हिम नग
जिसके समीप ही
छोटी सी ऊँचाई पर
तेरी परछाईं में नहाती हुई
कुटिया है एक नव
अपनी गिरस्ती लिये नई।

मूल तक

मुक्तिबोध की निगाह मात्र परिवार संस्थान पर नहीं है—वह व्यक्ति और समाज के सम्बन्धों के मूल तक पहुँचते हैं। सामाजिक जागरण में सिर उठाती पुरानी विसंगतियों, जटिलताओं और रूढ़ियों की भी टटोल करते हैं—

यह है मस्तक की महिमा
न अन्तर की उष्मा
से उठती है ज्वाला अति क्रुद्ध एक
संग्राम का घोष एक
जीवन सन्तोष एक
क्रान्ति का निर्माण का, विजय का
सेहरा एक
चाहे जिस देश, प्रान्त का हो।

यह रहा मेरा समय

स्व

इस लोक में उगते-जनमते अपने से मनुष्यों के ऊपर अपने 'स्व' को दूसरों से मूल्यवान समझना इनसानी सामाजिकता के विरुद्ध है।

बकौल मुक्तिबोध–

अभ्यन्तर दृष्टि से देखूँ
तो मानवीय प्रतिभा का सौन्दर्य
सच तेज पुंज है
हिय में जो कुछ महान है
सरस व सुन्दर
अमल व निश्चल
सजग व जाग्रत
ज्वलन्त चेतन।

यशो रूप रह गया चिन्तन

आसान नहीं, दुर्लभ है

जिन्दगी एक महाविद्यालय और विश्वविद्यालय है। लेखक को अन्तरविरोधों का सामना करना पड़ता है। ऐसे में लेखक कभी विषय और उसके प्रस्तुतिकरण के विरुद्ध अपनी मानसिक प्रतिक्रियाओं पर जासूसी भी करता है। मुक्तिबोध दुनिया के शोर को सुनते हैं, फिर सुने हुए को अपने अन्तस में घोल लेते हैं :

हृदय में चुपचाप होती चर्चा
मैं उसे बहुत ध्यान से सुनता
पढ़ता हूँ।
मैं जिज्ञासु वृथा हूँ
जाने किस रहस्यमय प्रतीक कथा
का अर्थ खोजता फिरता हूँ ...
विश्लेषण को अन्तिम मानने से इनकार करता हूँ।

एक और जगह वे कहते हैं—

पता नहीं क्यों लोग स्वयंकृत विश्लेषण पर दृढ़ आस्था और निष्ठा रखते हैं। वह मुझे बड़ा अविवेकपूर्ण लगता है।

(मुक्तिबोध)

किसी भी बुद्धिजीवी द्वारा निसंगता से अपने लेखन की सर्जनात्मक सीमाओं और क्षमताओं को इतनी बारीकी से देखना आसान नहीं, दुर्लभ है।

पुनर्रचना

मुक्तिबोध के अनुसार साहित्यकार कल्पना द्वारा जीवन की पुनर्रचना करता है। जीवन की वह पुनर्रचना ही कलाकृति बनती है। रचना में जो भी पुनर्रचना होती है वह सारतत्त्व उस जीवन का प्रतिनिधित्व करता है। जो भी जीवन इस जगत में वस्तुतः जिया जाता है, भोगा जाता है, वह जितना आन्तरिक है, उतना ही बाह्य है। बाह्य और आन्तरिक के बीच स्पष्ट रेखा खींचना मुश्किल है।

चक्र से चक्र लगा हुआ है
जितना ही तीव्र है द्वन्द्व
क्रियाओं और घटनाओं का
बाहरी दुनिया से
उतनी ही तेजी से
लगता है द्वन्द्व को
फिक्र की फिक्र लगी हुई है।

दृढ़ मस्तक
भव्य भाल
दृढ़ भुज
निज निर्भर
चट्टानी भूमि पर
जमा हुआ
खड़ा है

—मुक्तिबोध

विलग नहीं

मुक्तिबोध भविष्यदर्शी की तरह नैतिकता के स्वर्ण-मूल्य को उपेक्षित काल पीड़ित की तरह देख रहे हैं। वह झूठ जो नाना रूपों में विश्व-भर में प्रवाहित होता है। झूठ के भी विभिन्न शेड्स नई धातु या कागजी शक्ल में चालू होते हैं। 'सत्य' के मुकाबले झूठ की धारदार मौजूदगी से भला किसे इनकार होगा।

सच के मुकाबले में झूठ भी दुनिया के हजारों सदाचारी विकल्पों को ललकारता है, सच्चाई के मुखड़ों को पछाड़ता है। सत्य और असत्य के अलग-अलग पहरन दुनिया की रंगीनियाँ बनकर अपनी-अपनी पहचान को सुदृढ़ बनाने में उड़ते रहते हैं, उड़ानें भरते रहते हैं।

> मैं कुछ शिकायतें करना चाहता हूँ इस दुनिया के खिलाफ लेकिन सोचकर रुक गया। आखिर मैं अपनों की दुनिया से स्वयं को अलग क्यों मान लूँ। दुनिया का खाकर, दुनिया का पीकर, इसी दुनिया के मनुष्य से प्रेम कर उसी से अलग समझना अपने लेखकीय 'स्व' को जरूरत से ज्यादा तूल देना है।

(मुक्तिबोध)

मुक्तिबोध अपनी सोच में व्यक्ति की द्वन्द्वात्मक जटिलताओं की संश्लिष्ट पेचीदगियों पर भी नजर रखते हैं। आस्था के दो विपरीत छोरों पर नजर रखते हुए वे एक ऐसी कल्पना करते हैं कि आस्था-अनास्था एक-दूसरे के विपरीत नहीं हैं—गुण-दोष में अनास्था आस्था की पुत्री है। उसी तरह जैसे अनैतिकता नैतिकता की सन्तान है और अधर्म धर्म का पुत्र है। यह श्रृंखलाएँ बँधी-बँधाई है, एक-दूसरे से विलग नहीं।

मैं अनुभव करता हूँ
कि गूढ़ रहस्यों का नाम

जिन्दगी है।
ऐसा न होता
तो औषधिशास्त्र से लेकर
युद्ध शास्त्र और राजनीति के
समस्त सिद्धान्त साहित्य संस्कार
में भी कार्यरत रहते।...

तह के नीचे

मुक्तिबोध के दिल-दिमाग से उभरती, उफनती भाव तरंगों में से होकर अनुभव रचनात्मक संस्कारों की परस्परता में पन्नों पर बहता है।

उन्हीं के शब्दों में—

> क्षमा करें—एकदम आत्म-निवेदन पर उतर आया हूँ। अनुकूल मनोरम और आत्मीय वातावरण में हर शब्द की गूँज मेरे लिए विविध और विभिन्न हो जाती है।

मुक्तिबोध अपनी काव्य-पंक्तियों को इतराने नहीं देते। गद्य का तेवरी मुखड़ा देकर मानो उन्हें चौकस करते हैं। यह अटपटापन कभी पाठक को परेशान करता है और कभी अचरज में डालता है। किसी शाब्दिक चित्रात्मकता का टुकड़ा जैसे तह के नीचे से निकाल लाया जाए।

पूँछ उठाए
वह जंगली तेज
कंजी आँख फैलाए
यमदूती पुत्री सी
सभी देह स्याह
पर पंजे श्वेत और
खून टपकाते
हुए नाखून।

चुपचाप अँधेरे में उतरे

बूँद-बूँद

लेखक की आत्मा में गहन आन्तरिक का सोता बिछा रहता है। कभी बूँद-बूँद रिसता है, कभी तरलता से स्पन्दित पंक्तियों में चकित कर देनेवाली छवियाँ अंकित हो उठती हैं–

आदतन सिर्फ आदतन
पर इरादतन भी
अँधेरा मेरा खास वतन
जब आग पकड़ता है
सामने अँधेरा आसमान
पहाड़ टकराते
भीतर के विस्फोटों में
सूर्य टूटता है
ये बड़ी-बड़ी मंजिलें
धधकती खड़ी-खड़ी
और वहीं कहीं
अधजले ठूँठ की कटी
पिटी डाल पर
पक्षिणियाँ अपने बच्चे देती हैं

की कामना

मुक्तिबोध की इस कविता से जाने क्यों जापान पर एटमबम के विस्फोट की घटना आँखों के आगे घूम जाती है। मानवता को कुरेदते दो शब्द—सूर्य और पक्षिणियाँ।

सूर्य के प्रकाश का टूट-टूटकर बिखरना, ऊँची-ऊँची इमारतों का धड़-धड़ाकर टूटना-जलना, अंधड़ में तांडव-सी नाचती आग की लपटें, प्रलय का-सा भयावह दृश्य, और ऐसे में मुक्तिबोध आँकते हैं और जोड़ते हैं विलक्षण दृश्य इस एक पंक्ति में। अधजली टहनियों पर पक्षिणियाँ प्राण-जल की बूँदों की आस में जिन्दगी की धरती पर सुरक्षा की कामना करती हुईं और पक्षियों की माँएँ धरती पर उगनेवाली प्राणों की क्यारियों की नष्ट न हो जानेवाली प्रार्थनाएँ करती हुईं।

विस्मयकारी है मुक्तिबोध के अन्तस में विविध मुद्राओं और भंगिमाओं को ग्रहण करने की विलक्षण क्षमता।

शब्दों के बड़े-बड़े पत्थर
जोश से उठा फेंकता
जोर से यों कि शिखर
गड़गड़ा कर उठता है
यह आदर्शों का पर्वत है।

मर्दन करता है

पाठक को आश्चर्य होता है कि शब्द और पत्थर को आमने-सामने रख शायद मुक्तिबोध भारतीय सहनशक्ति और उसे झेल लेने की प्रवृत्ति को तरेर रहे हैं या अपने कड़ियल मराठी स्वभाव को नाटकीयता में ढाल रहे हैं।

देखें मुक्तिबोध का यह तेवर–

देख मुझे पहचान
मुझे जान
मैं मरा नहीं हूँ
देखते नहीं हो क्या
मेरी यह सिगरेट
धुआँती है अब तक
मेरी आग मुझ में
जल रही है अब तक
मुझे जान मैं मरा नहीं हूँ।

मुक्तिबोध के यहाँ वह ताप है जो किसी भी सर्द ठंडक को गरमाने की सामर्थ्य रखता है। अपने को लेकर आत्मदया और सन्ताप का मर्दन करता है।

आत्मोत्पन्न सत्य

वीरान सड़क सूखी-सूनी
ठंडी कन्हेर पर
लाल-लाल कुछ फूल
चुपचाप अँधेरे में उतरे

कुएँ का गोल तला सूखा
जिसमें कचरे के बड़े-बड़े
हैं ढेर अरे
यह तो विचित्र है बात
किसी ने आत्मज संज्ञोजात
वहाँ जाकर रखा।
छोड़ा त्यागा
शिशु रोता है जोर-जोर से
अरे कौन अभागा था वह
जिसने आत्मोत्पन्न सत्य
त्यागा।
किस मौन विवशता के
कारण
किसके भय से।

मुक्तिबोध प्रकृति के लैंडस्केप को भी कुछ ऐसे सगेपन से निहारते हैं जैसे वह स्वयं भी शिप्रा कूल के मैदान में एक भव्याकार पीपल हों।

आसमानों पर चढ़ा कुछ ऐसा खुमार कि धरती की सुमधुर काया पर फैली शरद की कपूरी मधुर धूप बाँकपन से दमकने लगी। हरहराती रंग-बिरंगी तल बिजुरी लहरिया तड़ित नृत्य के छनकार से आरम्भ हो उठी और मेघ जल-सा शामियाना तन गया। प्रकृति के लेखाकारों की इस संगोष्ठी की अध्यक्षता कौन करेगा?

तुमको पहचाना

अँधेरे के कुहरीले फैलाव में से आकाश झाँकता है तो मुक्तिबोध की लेखकीय आत्मा पर चाँदनी चमकने लगती है। अन्तस की मुँडेर पर से देखते हैं तो आकाश गंगा दमकने लगती है। शब्दों की पाँतों में पंक्तियाँ उभरने लगती हैं।

मुक्तिबोध के यहाँ चित्रात्मकता की कमी नहीं। मुलाहिजा हो–

काली दमकती चट्टान
तिमिर में समय भागता है
साँवली हवाएँ–
पत्थरीले कछारों पर समय
झरता है
सम्बन्धों की घाटी
उघड़ी भीतों की ढहती
प्राचीरों के सिर पर उगी घास

दहकती धूप भरे मैदानों में
बिछी दमकती तलवार
जैसे हो बाँक भरी नदी की धार
वतन की याद बन

तुम्हारे विचारों की अनुभवी
गठानों में गुँथा हुआ
क्षितिज की जलती हुई भौंहों को देख

और यहाँ मुक्तिबोध अपने खाँचे में टटोल रहे हैं अपना भारतीय मन।

वह तुम्हीं हो
इस रिश्ते से
इस नाते से
यह भारतीय आकाश
और
यह पृथ्वी तल
बंजर जमीर के
खँडहर के बरगद पीपल
ये गलियाँ ये राहें
घर मंजिल
पत्थर जंगल
पहचानते रहे नित
नित तुमको जिन आँखों से
उन आँखों से मैंने भी
तुमको पहचाना
मानव दिगन्त के कूलों पर
जिन किरणों का ताना-बाना।

भारतीय गाँव

उसी दिन उसी दिन
छोटा-सा भारतीय गाँव एक
उदासीन उदासीन
ऊपर नीला आसमान
नीचे घास मैदान
वृक्षों के बीच में से रेलवे की
चिलकती पटरियाँ
वृक्षों के बीच खुली
हरी हरी भूमि
हमारे ख्यालों से बिखरी है
फैली है
फैली है गाँवों की अधटूटी
ठठरियाँ
उदास गमगीन
छोटा-सा हमारा राष्ट्रीय हाईस्कूल
अपने में
अपने में मुँदा हुआ लवलीन
विचारमग्न हाय
देखता था समय के महाकाय
चरणों के चलने का विस्फोट
चिमूर में आष्टी में नारियों से अंग्रेज
फिरंगी फौजियों का बलात्कार
गांधी थे गिरफ्तार
फिरंगी फौजों की

गोलियों की बौछार
मैदानी पवन में
काँपते थे सुबह से
खून सनी जिबह में
संभावी भारतीय
विभाजन समाचार

वे उन तक लगातार पहुँचते रहे

नागरिक के रूप में मुक्तिबोध की सजगता अद्‌भुत है। स्वतंत्रता-संघर्ष की उन नागरिक उत्तेजनाओं के कालखंड को वे एक इतिहासज्ञ की निगाह से देखते हैं। गाँव में स्थित उस स्कूल को जहाँ भारत की अगली पीढ़ियाँ जीवन के नए अध्यायों का पाठ कर रही हैं और बड़े शहरों की हलचलों से भी दूर देश के नए भविष्य का इंतजार कर रही हैं।

मुक्तिबोध की जनोन्मुख शब्दावली, काव्य, विचार, मुहावरे, नए देश की नई सूचना देते हैं। जातिगत दंश की ओर संकेत करते हैं।

कवि के अन्तर्मन में छटपटाती आशंकाएँ, अपने को लेकर, अपने से ही टकराहटें, शिकायतें, उलाहने करने के आदी मुक्तिबोध स्वच्छन्द सर्जक की तरह अपने को भी किसी दूसरे की तरह सम्बोधित करते हैं और दूसरों के लिए भी वही दरवाजा खोलते हैं। उन्हें पुकारते हैं, देखते हैं। अपने समय के शोर और सन्नाटों को देखती उनकी सोच बड़ी दुनिया से जुड़ी थी। वे उन तक लगातार पहुँचते रहे–शमशेर की कविता के सन्दर्भ में मुक्तिबोध ने कहा है–

> "शमशेर के मौलिक विशेष के दो आयाम हैं। एक कवि की मनोरचना अर्थात् आत्मा का भूगोल और दूसरे आत्मा का इतिहास। इस भूगोल और इतिहास से बौद्धिक विशेष का निर्माण हुआ है। यह मौलिक विशेष आत्मचेतस होकर अपनी सत्ता स्थापित करता है। उसकी प्रस्थापना एक रूप शिल्प का विकास है।"

हमारे स्वप्न के भीतर स्वप्न

सूत्रधार की भूमिका में उनके अपने स्वर में उनके अपने ही मानसिक मंच पर जब शब्द और अर्थ एक दूसरे का स्पर्श करते हैं तो एक साथ कुछ अनोखा और कुछ अटपटा घटित होता है। गद्य और पद्य के मुखड़े एकाकार हो उठते हैं। कभी काव्य-तरंगें और कभी गद्य की सुथरी सपाट पंक्तियाँ। कुछ टुकड़े देखें–

एक के बाद एक
स्फुरण व स्पन्द और
प्रेरणा का धड़कता हुआ
लांग-जम्प
दिमागी रगों की हिलती टहनियाँ
मस्तिष्क गुम्बद तिमिर में
कहीं
अजब पालतू से खयाल से
आपके
पंख फड़फड़ अकस्मात
करने लगे
घोंसलों से गिराने लगे ये मलिन
पंख पर बीट तिनके कहीं

हम साहित्यिक अपने ढंग से सम्पूर्ण ज्ञान प्राप्त करना चाहते हैं—

हमारे स्वप्न के भीतर स्वप्न
विचारधारा के भीतर
विचारधारा।
उसके भीतर भी एक
और सघन विचारधारा
कथ्य के भीतर एक और
कथ्य
अनुरोधी के विपरीत विरुद्ध
और नेपथ्य का संगीत।

वर्तमान समाज

वर्तमान समाज के घेरे में
व्यक्ति और व्यक्तित्व
स्वयं के मूल्य से नहीं
चमक पाते हैं
चिलकते रहते हैं
अनुचित निर्धारित मूल्यों से
अस्वाभाविक अनैतिक
शक्तियों के असंगत
टूटे हुए होल्डर से लगी हुई
अच्छी सी निब सी
केवल अहलकार का काम
करती हुई

अच्छे कई व्यक्तियों की शक्तियाँ
गहरे न्यस्त स्वार्थों से अनुशासित
होती हैं।

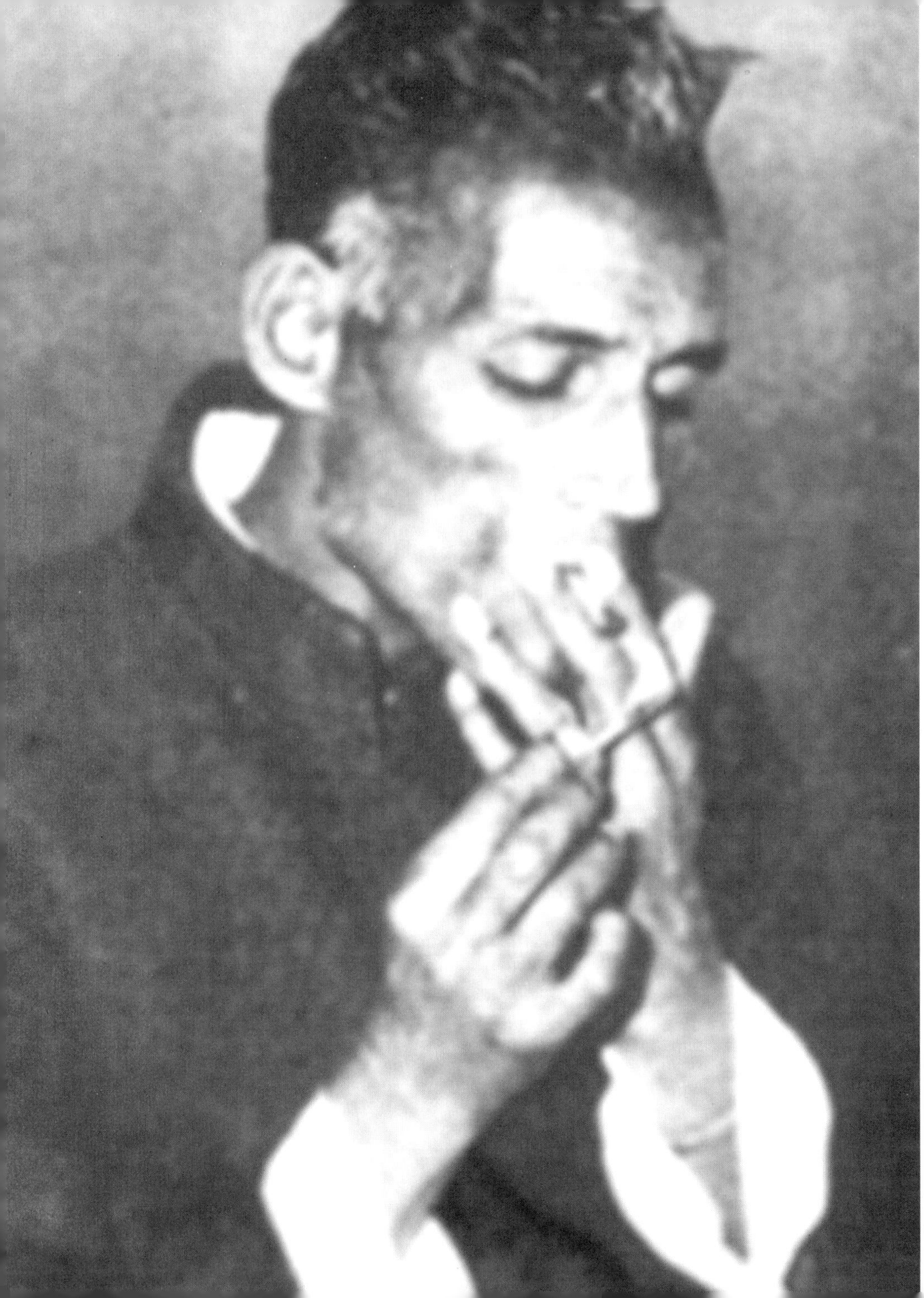

विचार-प्रवाह

मुक्तिबोध के ही शब्दों में, "लेखक कवि अपने होने में विलग होकर किसी अन्य के मर्म में प्रवेश करता है तो अपनी निगाह में भी बदलाव महसूस करता है। व्यक्ति का आत्मविश्वास कितना भी हो उसकी आत्ममुग्धता और उससे जुड़ा रचनात्मक वैभव उसे कमतर नहीं अपार ही लगता है।"

दिलचस्प है मुक्तिबोध का यह तेवर जो आज भी बुद्धिजीवी समाज में सत्य की तरह स्थापित है।

समाज में जितने भी विचार-प्रवाह हैं
सब हमें याद हैं
हर एक का चेहरा व जीवन रहस्य
हम जानते हैं
अंधा और बहरा कौन है
एक नेत्र कौन है
कहाँ से उठा है
सब हमें मालूम है
कौन किस उल्लू का कितना बड़ा पट्ठा है
सब हमें मालूम है।

अपनी अटैची सँभालकर रखो

पक्षधरता

पक्षधरता आधुनिक शब्द है। नया-नया शब्द है। इसके राजनीतिक अर्थ होते हैं। इसके पीछे साम्यवादी छत है। भारतीय चेतना के राजनीतिकरण से मेरा मतलब पार्टी-दर्शन के अनुसार चेतना का ढल जाना नहीं है। मेरा मतलब उस विश्वबोध से है जो विश्व को उच्च स्तर पर रूपान्तरित करना चाहता है।

दूसरे शब्दों में, मानव-मूल्यों की सर्वाधिक सर्व स्तरीय नियंत्रणशील स्थापना चाहता है।

(मुक्तिबोध)

जिन्दगी में जो कुछ महान है
कल्पना का भास नहीं है
मनुष्यों के भीतरी यथार्थों की ऊँचाई
बकवास नहीं
तो मानव की मुक्ति के नाम पर
उन्नति के नाम पर
संघर्ष के नाम पर
आदर्श के नाम पर
स्नेह के नाम पर
गरजते हुए, भौंकते हुए
चमत्कारी अहम् का प्रयास भी
नहीं है

मानो या न मानो
जिन्दगी में जो कुछ महान है
वह प्रोमोशन नहीं है
किसी बड़े आदमी या साहित्यिक का
झूठा सर्टिफिकेट नहीं है।

आर्थिक भव्य का मर्म हर प्रगति दौड़ में लगभग एकजुट रहा। लोकतंत्र में दायित्व और व्यावहारिक छल-कपट की ओर संकेत कर मुक्तिबोध इसे भी साहित्यिक विमर्श में शामिल कर लेते हैं। वह अपनी दूरदृष्टि से कुछ ऐसा देख रहे थे जो आज पचास वर्षों के बाद भी धीमा नहीं पड़ा, बल्कि अपने चरम पर है।

मानव-मूल्य और पक्षधरता

"साहित्य में भी पक्षधरता का प्रश्न हमेशा से रहा है और रहेगा। पक्षधरता का सम्बन्ध मनुष्य के विश्वबोध और सद-असद विवेक, बुद्धि अर्थात् अन्तरात्मा के विवेक से है। हिन्दी में आत्मा की बात की जाती है। विभिन्न सन्दर्भों के अनुसार, उसके विभिन्न अर्थ भी किए जाते हैं। हिन्दी में अभ्यान्तर जगत, अन्तरतम, अन्तर-हृदय का प्रयोग भी होता है। इस सबका सार रूप अर्थ है। मनोजगत जिसमें बुद्धि, कल्पना, संवेदना और भावना आदि की प्रक्रिया चलती है।"

भाषाई संस्कृति और शब्द-विवेचन पर गहरे से सोचना भी मुक्तिबोध के क्रिया-कलापों के बाहर नहीं था। मुक्तिबोध का सजग नागरिक दशकों-दशक पहले इस तथ्य को कुछ यूँ अंकित करता है :

समाचार पत्रों के पतियों के
मुख स्थूल
गढ़े जाते संवाद
गढ़ी जाती समीक्षा
गढ़ी जाती टिप्पणियाँ
बौद्धिक वर्ग है क्रीतदास
किराये के विचारों का उद्भास

बड़े-बड़े चेहरों पर स्याहियाँ
पुत गईं

नपुंसक श्रद्धा
सड़क के नीचे ही गटर में
छिप गई
कहीं आग लग गई
कहीं गोली चल गई।

नया अर्थ

शक्ति गलियारों का यह नया प्रयोग और विकास-क्रम भाषा और शब्दों को नया अर्थ दे रहा है। सामाजिक चेतना और राजनीतिक प्रदूषण की ओर देखते हुए मुक्तिबोध की अपने ही शब्दों में यह प्रतिक्रिया दिलचस्प है—

प्रतिपल जाग्रत
व्यक्ति की तरह
अध्ययन करता हूँ
उनके हिय के तालाबों में
सिर से पैरों तक
लहूलुहान रहता हूँ।

अपने लोकतंत्र में
हर आदमी उचककर चढ़ जाना
चाहता है
धक्का देता हुआ बढ़ जाना
चाहता है।

हर एक को अपनी-अपनी
पड़ी हुई है

चढ़ने की सीढ़ियाँ
सर पर चढ़ी हुई हैं
निसैनी सोपानों का क्रम
ऊपर हाथों में उठा हुआ
सिर पर चल रहा है
हर एक अपना-अपना स्वर्ग-सेतु
बुलडोजर, क्रेन चलाए
देख रहा है ऊपर की ओर।

संकेत

मुक्तिबोध एक सजग बुद्धिजीवी की तरह चौकन्ने और चौकस होकर स्वतंत्रता-प्राप्ति के बाद के दशकों में बदलते समय पर आँख रखे हुए थे। उन्होंने कहा–

मेरा अपना विचार है कि जिस भ्रष्टाचार, अवसरवादिता और अनाचार से आज हमारा समाज व्यथित है, उसका सूत्रपात बुजुर्गों ने किया है–

> *स्वाधीनता प्राप्ति के उपरान्त भारत में राजधानी दिल्ली से लेकर प्रान्तीय राजधानियों तक अवसरवादिता के जो दृश्य दिखाई देते हैं उनमें बुजुर्गों का बहुत बड़ा हाथ है।*

यह न बुजुर्गों की आलोचना है, न युवा पीढ़ी की तरफदारी। यह स्वाधीनता-प्राप्ति के बाद नई विकास योजनाओं से उभरते भ्रष्टाचार की ओर संकेत है।

मानो बँधे-बँधाए शिल्प की दरकार न हो

जीवन में संघर्ष कवि-मन की सिर्फ कलात्मक कसौटी नहीं। वह इंसानी जज्बों की वह तस्वीर है जो पराजित होना नहीं जानती। यथार्थ की जीर्ण-शीर्ण सीढ़ियों पर भी पैर रखने की हिम्मत रखती है। समय से मुठभेड़ करते मुक्तिबोध अपने होने से अलग और दूसरों से जुटे, जुड़े भी अनाम धड़कनों की विवशताओं और क्लिष्टताओं को कविता में जाँचते-परखते हैं। साहित्यिक जीवन के खुरदरे यथार्थ को प्रस्तुत करते हुए सार्थकता के प्रतिमानों से भी टकराते हैं।

मुक्तिबोध के कवि का आत्म-क्षण ऐसा कि विपरीत दिशाओं के शब्द दोहराने को उद्धत एक-दूसरे की ओर झपटने लगते हैं। शायद लुप्त हो जाने की संभावना से या पंक्तिबद्ध होने की आकांक्षा में। काव्य-पंक्तियों में पंक्ति-दर-पंक्ति शब्द दौड़ते हैं। रफ्तार में कुछ ऐसे जैसे दूरी को मापना हो और निकटता को समेटना हो। मानो बँधे-बँधाए शिल्प की दरकार न हो। उनकी शब्द-सम्पदा किसी वेगवती नदी के साथ बहती लगती है। कभी कह डालने की उतावली में पंक्तियों के लयात्मक क्षरण में वह गद्य की सपाटबयानी में उतर जाती है।

विस्मयकारी है मुक्तिबोध के अन्तस में बाह्य की मुद्राओं और भंगिमाओं को अपने में ग्रहण करने की क्षमता। लोक के विविध समाजों से उठती आवाजों का कोलाहल, शोर जिस तरह वह अपने मानसिक व्याकरण में स्थित करते हैं वह न किसी विचारधारा के विज्ञापन के लिए लगता है और न ही किसी रियायती क्रम में प्रसंगवश उठता हुआ।

कहना चाहिए कि मात्र विचारधारा नहीं, मुक्तिबोध मानवाधिकार की उस नई वैचारिकता की ओर बढ़ रहे थे जिसे उनके जाने के बाद मानवीय संरक्षण और हित में विश्व-भर में प्रसारित होना था।

स्वाधीनता संग्राम के संघर्षकाल में भी मुक्तिबोध की जानकारी में ऐसे शक्ति गलियारों की पहचान जरूर होती रही होगी, जहाँ उनसे जुड़े व्यक्तियों के गहरे स्वार्थ होते हुए भी वह कार्य-कौशल से अनुशासित हो संस्थानों के संभावित कार्यकलापों को अंजाम देते रहे हों।

वसन्त के अनियंत्रित समीर के झोंके
उसको छू ही लेते हैं
वह नग्न सुदामा विवश
क्या कहे
उसके सदा तुच्छ समझे जानेवाले
उस गहन हृदय में
वसन्त के वसन्ती रंग
उस बबूल को देख तुरंत ही

युगानुयुग सन्तप्त
देशकाल व्यापी छाया सिद्धार्थ
बुद्ध को भी
फीकी लगती है।

बबूल के साथ-साथ ही कौंध जाते हैं ऊँची जात के पाम और नीची जात के पाम। इन दोनों की किस्म को बराबर ले आने के लिए मुक्तिबोध का लोकतांत्रिक मिजाज कहाँ पहुँचकर क्या छूना चाहता था–हम आज समझ सकते हैं। इस कविता की पंक्तियां देखें :

यह बबूल

दुबला धूल भरा अप्रिय सा
सहज उपेक्षित
श्याम वक्र अस्तित्व लिये
वह तिरस्कृत
अपमानों को मौन झेलता
चिर अपमानित
पथ के एक ओर चुपचाप खड़ा है
फटेहाल जीवन की नंगी कठिन दीनता-
सा जो वर्जित
यह बबूल है
वृक्षों के अभिजात वर्ग की आँखों

से रह गया बहिष्कृत।
प्रतीकों और बिंबों की
असम्वृत रूप में भी रह
हमारी जिंदगी है यहाँ
वहाँ पर धूल के भूरे गरम
फैलाव पर
पसरी लहरती चादर
बेथाह सपनों की
जहाँ पर पत्थरों के सिर
गरीबों के उपेक्षित श्याम चेहरों की दिलाते याद
टूटी गाड़ियों के साँवले चक्के
दिखे तो मूर्त होते आज के धक्के
भयानक बदनसीबी के
जहाँ सूखे बबूलों की
कटी पाँत
भरती है हृदय में धुंध डूबा दुख
भूखे बालकों के श्याम चेहरों साथ
मैं भी घूमता हूँ शुष्क
आती याद मेरे देश भारत की
अरे मैं नित्य रहता हूँ अँधेरे घर
जहाँ पर लाल डिबरी ज्योति के सिर पर
कसकते स्वप्न मँडराते।

संघर्ष जुड़े रहे हैं

मुक्तिबोध के कवि मन पर कसकते स्वप्न मँडराते हैं, अपने देश के भूखे श्याम चेहरे बच्चों के। लेखकीय संस्कृति संस्कार प्रतीकों-बिंबों और मिथकों से कहाँ विलग है पर निर्धन भूखे बच्चों के यथार्थ से आँखें चुराने से क्या साहित्य से जुड़ी मानवीय संस्कारी सद्भावनाएँ हरियाती रहेंगी?

पाठक के रूप में कल्पना करें तो मुक्तिबोध संवेदनीय शब्दों को मापने के लिए न तो टेबल पर बैठे नजर आते हैं, न ही किसी नाटकीय मंच से अपनी काव्य-शृंखला का कविता पाठ करते हुए। नजर आते हैं स्टेडियम की दौड़-पट्टी पर तेजी से भागते हुए—मानो उन्हें खुद आगे बढ़कर अपनी पंक्तियों पर विजय पाना हो।

उनकी कविता का आत्मिक मात्र कवि के गहन आन्तरिक संवेदन में से ही नहीं उभरता। शब्दों में गठित वह बाहर की बड़ी दुनिया से जुड़ी व्यक्तित्व चेतना का अंग भी बन जाता है। एक ओर मुक्तिबोध का सजग, सशक्त और किसी हद तक जिद्दी पक्ष है और दूसरी ओर उनकी रचनाशीलता को घेरे हुए इस धरती का बृहतर दृश्यव्य है।

आलोचक की ठंडी अन्तर्दृष्टि से हटकर साहित्य का साधारण पाठक मुक्तिबोध की पंक्तियों में उस मानवीय ताप को भी महसूस करता है जो इनसानी नस्ल को हजारों-हजार सालों से सालता रहा है। इनसान और इनसान के बीच बराबरी का वह महत्त्वांकाक्षी रोमांस जिसके साथ मानवता के संघर्ष जुड़े रहे हैं।

जुड़ाव

मुक्तिबोध की पंक्तियों का विशेष मुक्तिबोधीय भाषाई शोर, कोलाहल भौगोलिक और ऐतिहासिक संवेदन से उभरता है। उस समय-काल को प्रदर्शित करता है जब विभिन्न प्रदेशों की इकाइयाँ एक-दूसरे से दूरी महसूस नहीं करती थीं, देश के भावनात्मक एकत्व से जुड़ाव रखती थीं।

उन्हीं के शब्दों में—

जन जन का चेहरा एक
चाहे जिस देश प्रांत पुर का हो
जन जन का चेहरा एक
एशिया की यूरोप की अमरीका की
गलियों की धूप एक
कष्ट दुख संताप की
चेहरों पर पड़ी हुई झुर्रियों का रूप एक
जोश में यों ताकत में बँधी हुई
मुट्ठियों का एक लक्ष्य
पृथ्वी के गोल चारों ओर के
धरातल पर
है जनता का दल एक, एक पक्ष।

देना ही होगा पूरा हिसाब

मर्दन

मुक्तिबोध के यहाँ वह ताप है जो किसी भी ठंडक को गरमाने की सामर्थ रखता है और अपनी शर्तों पर आत्मदया और सन्ताप का मर्दन करता है। अपने को लेकर यह कवि मन के साहस की कलात्मक कसौटी नहीं, यह मानवीय जज्बे और जुर्रत की वह तस्वीर है जो पराजित होना नहीं जानती।

जीर्ण-शीर्ण जीने पर भी चढ़ जाने की हिम्मत रखता है। वैशिष्ट्य उनका विचार पक्ष है जो व्यक्ति और समाज की ऐन बीचोबीच की जटिलताओं को पहचानता है। अपनी संवेदनशील निगाह से छूता है। छानता है। मुक्तिबोध के आन्तरिक चित्रात्मक कोलाज उनके सूक्ष्म और अमूर्त को एक साथ नया भाषाई स्वरूप देते हैं।

जीवन एक विशाल उपन्यास है—मुक्तिबोध

''सोचा जाए तो यह एक बड़ी स्वप्न जीवन कथा का ही अंग है। जीवन ही एक विशाल उपन्यास है। यह एक ऐसी चित्रकथा है जिसमें कितने ही मनोहर, सुकुमार, भयंकर और विषाद, अवसादपूर्ण दृश्यों के टुकड़े हैं। अगर मैं अपनी तात्कालिक जीवन-गाथा का प्रसंग उठाकर लिखूँ तो भी बहुत कुछ हो सकता है लेकिन सवाल यह है कि क्या मैं ऐसा करना चाहता हूँ।''

उसको छू ही लेते हैं

समय से मुठभेड़

अपने समय से मुठभेड़ करते हुए लेखक होने के नाते मुक्तिबोध अपने होने से अलग बौद्धिक स्तर पर दूसरों की धड़कनों की व्यथा को एक दुर्लभ और सहज क्लिष्टता से मापते, जाँचते, तरेरते हैं और अपने जन्मगत स्वभाव को प्रत्यक्ष करते हैं। उनका भाषाई क्रम-वैविध्य रंगों में देखकर आश्चर्य होता है।

उनका मानसिक तापमान साहित्यकारों के व्यावहारिक और सामाजिक संघर्ष के खुरदरेपन के यथार्थ को विविधता से अंकित करता है। बौद्धिक सार्थकता के प्रतिमानों को प्रभावित करते हुए भी वे उसे नहीं भूलते।

मुक्तिबोध के ही शब्दों में लेखक कभी अपने होने में अपनी ही घेरेबन्दी को तोड़कर किसी अन्य के मर्म में प्रवेश करता है तो अपनी निगाह में भी बदलाव महसूस करता है। व्यक्ति का आत्मिक विश्वास कितना भी हो, उसकी आत्ममुग्धता और उससे जुड़ा रचनात्मक वैभव उसे कमतर नहीं अपार ही लगता है।

दिलचस्प है मुक्तिबोध का यह तेवर जो आज भी बुद्धिजीवी समाज में सत्य की तरह स्थापित है।

मुक्तिबोध की जनोन्मुख शब्दावली कथ्य, विचार, मुहावरे, जातिगत परम्परा के विपरीत स्वतंत्रता प्राप्ति के साथ 'लोक' के खुलते सामाजिक दौर की सूचना दे रही थी।

> 'छायावाद के रचनाकाल के बाद आजादी के साथ ही साहित्य में कोमल शब्दावली बदली-बदली लगने लगी है। प्रचलित मान्यताओं से हटकर अब वह पूँजीवाद से समाजवाद को आवाज दे रही है।'

(मुक्तिबोध)

यह काल तुम्हारा नहीं

तुम छिपा चलो जो कुछ तुम हो
यह काल तुम्हारा नहीं
किन्तु एकत्र करो
प्रज्ज्वलित प्रस्तरों को
वे आते होंगे लोग
जिन्हें तुम दोगे
देना ही होगा पूरा हिसाब
अपना सबका
मन का
जन का

मुक्तिबोध की यह चेतावनी ऐसी कि लगभग स्वतंत्रता प्राप्ति के बाद भी राजनीतिक पार्टियों के शक्ति शामियाने ऐसी परिपाटी पर अग्रसर हैं जो 'लोक' और लोकतांत्रिक मूल्यों का हनन करने से नहीं हिचकते।

दिलचस्प है कि सत्ता तंत्र और जनतंत्र के बीच की दूरी को मुक्तिबोध कैसे महसूस करते हैं–

तमाशा

राजनीति साहित्य क्षेत्र भी
महा असत्य शूकरों का है
एक तमाशा
यद्यपि बोली जाती मुँह से
भारतीय संस्कृति की भाषा
मध्यवर्ग के भारतीय संस्कृति
के गहरे तालाबों में
मानव की निःसीम उपेक्षा से मुस्कराते

लाखों स्याह कमल हैं
जिनको चिमगादड़ की रात्रि शैया
पंखों की सी पंखुडियाँ हैं

लोकतंत्र में व्यावहारिक छल-कपट और लोकतांत्रिक दायित्व के सैद्धान्तिक विकास पर आज भी वही प्रश्नचिह्न है। वह धीमा नहीं पड़ा, अपने चरम पर है। सदियों से पीड़ित सुदामा परिवारों को जीवन की उपेक्षाओं से लेकर राष्ट्र के आर्थिक भव्य का प्रचार प्रकरण आज भी हमारे जनतंत्र को कमजोर करता है। बुद्धिजीवी समाज ऐसी टटोल पर हर समय आँख रखता है, यह हमें सचेत रखने के लिए उद्यत करता है। यदि नहीं रखता तो रखना चाहिए।

अन्तर्विरोधों की पहचान

मुक्तिबोध का लेखक स्वतंत्रता प्राप्ति की ऐतिहासिक घटना के, देश के अगले पिछले समय पर आँख रखते हुए राजनैतिक, प्रशासनीय और सामाजिक परिवर्तनों से उभरती नई स्थितियों और उनकी व्यवस्था पर लगातार आँख रखते हुए जन साधारण के जीवन में नई आशाओं-महत्वाकांक्षाओं की प्रक्रियाओं की गहरी खोज खबर रखता था। नए संप्रेषण के साधन, देश के प्रेस साहित्य की विविध विधाएँ और रेडियो प्रसारण के नए स्वर–भारतीय जनजीवन के यथार्थ पर उनकी पकड़ ऊपरी नहीं थी। समाचारपत्रों के आंतरिक प्रबंधन पर उनकी ये पंक्तियाँ कितनी सटीक हैं।

गढ़े जाते संवाद
गढ़ी जाती समीक्षा
गढ़ी जाती टिप्पणियाँ
गढ़े जाते शोषक
जन जन उर शूल
बौद्धिक वर्ग है क्रीतदास
किराये के विचारों का उद्भास
बड़े बड़े चेहरों पर स्याहियाँ पुत गईं
नपुंसक श्रद्धा
सड़क के नीचे ही गटर में छिप गई।

मुक्तिबोध भारतीय समाज में जातीयता के संक्रमण और सामाजिक विभिन्नताओं के पक्ष-विपक्ष के आर-पार भी देखते हैं और देश भर की उत्पीड़क प्रवृत्तियों के यथार्थ को ऐतिहासिक कालानुक्रम में जाँचते हैं। इस मनोवृत्ति से उपजे ठेठ अन्तर्विरोधों की पहचान करते हैं।

मेरे मित्र सहचर

युद्ध के गीतों को पहली ही
जोरदार
ओजस्वी पंक्ति-सी
क्षितिज की जलती हुई भौंहों को
देख वह
तुम्हारी भौंहों को चूमती ही रही है
अग्नि-परीक्षा से दहकते मैदान
तुम्हारे प्राणों में समाते ही रहे हैं
तुम्हारे विचारों की अनुभवी
गठानों से गुँथा हुआ व्यक्तित्व
जनता का नवयुग आसमान छूता हुआ
मानवीय मर्मों के जीवन्त आदर्श
जिन्दगी के कन्धों पर झुकी हुई
वजनदार
जन अनुभवों की छलछलाती भरी
हुई गगरी।

फिर वही

फिर वही यात्रा सुदूर की
फिर वही भटकती हुई खोज

भरपूर की
कि वही आत्मचेतस अन्त
सम्भावना
जाने किन खतरों से जूझे
सम्भावना
जाने किन खतरों से जूझे जिन्दगी।

आज के मुँहजोर और मुँहतोड़ समयों में मुक्तिबोध को पढ़ते हुए नहीं लगता कि हम किसी गुजर चुके समय में से गुजर रहे हैं। हमारे आज के विकास-क्रम में वह 'आज' की शुरुआत थी जिसके चरम को हम आज भुगत रहे हैं।

देख रहा है ऊपर की ओर

आतुरता के बावजूद

सदियों-सदियों से 'पुरुषोत्तम राम' के लाडले रामू की बात करते हुए मुक्तिबोध एक नहीं अनेक देशवासियों की बात करते हैं जो 'राम-नाम' की स्तुति में अपने जीवन की अवधि को इनी-गिनी जरूरतों के नगों में उम्र गुजार देते हैं। इस उम्मीद में कि सहूलियतों से जीना भी जन्म-जन्मान्तरों के हाथ में है।

शोरीली सभ्यता

साहबान
भीड़ भड़कती है
सँभालो
अपनी अटैची सँभाल
कर रखो
जमाना उचक्का है।

पिरोना एक ही तस्बीह में
इन बिखरे हुए दानों को।

मुक्तिबोध के रचनात्मक प्रवाह में से गुजरते हुए पाठक महसूस करता है एक विशेष प्रकार की लेखकीय तन्मयता जो अंदर और बाहर के कोलाहल से जाग्रत होती है–भाषाई विपुलता और निर्धारित लक्ष्य पर पहुँच जाने की आतुरता के बावजूद।

कभी-कभी रचनाकार के निकट भाषा की ऐसी उत्तेजना जो सर्जक के आंतरिक तल से उभरते-उभरते अपने को और कभी दूसरों को संबोधित कर अनजाने ही क्रूर पंक्तियों की शक्ल अख्तियार कर लेती है। ऐसे उदाहरण भी मुक्तिबोध में कम नहीं हैं।

लिखित मूर्त शब्दावली सी
व्यथा के अँधेरे समुद्रों
तले
हृदय की कथाएँ कि जीवन
कथाएँ
चलित चित्र की-सी घूमती
हैं रुलातीं, हँसातीं
पाताली अँधेरों की गुफाओं में।

उच्चतर वर्ग

हमारे भारत के उच्चतर वर्गों के कर्णधार ठेठ साम्राज्यवादी देशों की विचारधाराओं के राजनीतिक दर्शन को प्रचारित, प्रचलित कर रहे हैं। इन विचारधाराओं से लगे दृष्टि-बिन्दुओं का प्रचार साहित्य में भी उपलब्ध है। फर्क सिर्फ यह है कि विचारधारा की पाठ्य-सामग्री अधिक सूक्ष्म अधिक युक्तियुक्त होकर औचित्य और संगति का जामा पहन साहित्य में उपस्थित होती है।

प्रचंड शौर्यवान अष्ट-सष्ट
वरदान
खून रंगदारी है
तुम्हारी नीति बड़ी प्यारी है
विपरीत दोनों दूर छोरों द्वारा
पुजकर
स्वर्ग के पुल पर
चुंगी के नाकेदारी
भ्रष्टाचारी मजिस्ट्रेट
रिश्वतखोर थानेदार
और निराकार शून्य
महान विशेषताएँ मेरे सब जनों की
तुमने उधार ले
जिन को सँवार लिया

यशस्काय बन गया
चिरन्तन तिरोहित
यशोरूप रह गया चिन्तन
आविर्भूत

मुक्तिबोध की रचनात्मकता मात्र विचारोत्तेजक, भाषिक प्रसार-प्रचार ही नहीं, उनकी बहुस्तरीय सामाजिक दृष्टि में वह हमारी जड़ता को भी कुरेदती है। संकीर्णता को तरेरती है। उद्देश्य इतना भर कि हम अपनी कुरीतियों, कमजोरियों को बदलने का मिजाज बनाएँ।

जम गए जाम हुए, फँस गए
अपने ही कीचड़ में धँस गए
कहाँ जाऊँ–दिल्ली या उज्जैन

ओ मेरे आदर्शवादी मन
ओ मेरे सिद्धान्तवादी मन
अब तक क्या किया
जीवन क्या जिया
उदरम्भरि जन अमात्य बन गए
किसी व्यभिचारी के बन गए
बिस्तर।

उनकी ज्वलन्त जिज्ञासाएँ समय की बदलती राह-रस्मों को पहचानती हैं। मुक्तिबोध लेखक के गम्भीर कौतूहल की विस्मयकारी गरिमा को पहचानते थे। रह-रह मानो अपने से कहते हों–

यह रहा मेरा समय
मेरे आसपास फैला है
मेरी गलियों में
दिन-रात की निरन्तरता
में शोरीली बस्तियों
सड़कों के मोड़ पर की
सलवटें? ये टुकड़ों से दीखता।

कवि और कविता पर स्वयं मुक्तिबोध

कविता कवि के पार्श्व और प्रेक्ष्य की खोज से अलग नहीं की जा सकती। कवि-जीवन हमारे दैनिक जीवन का अपेक्षतया एक छोटा-सा अंग है और इसी कवि-जीवन का ताना-बाना हमारे वास्तविक जीवन के ताने-बाने से गुँथा हुआ है। जीवन अपने विशिष्ट उद्‌भासपूर्ण क्षण में ही कवि-जीवन हो जाता है। यह कवि-जीवन किसी उच्च मनौवैज्ञानिक स्तर का आविर्भाव है। वास्तविक है। कवि-जीवन के मूल्य और नियम यथार्थ में जीवन-मूल्यों पर ही टिके हैं।

मुक्तिबोध ने उस दौर की प्रचलित काव्य-प्रणाली से परे हो कवि भाषा को नये संस्कार और नई शब्दावली में प्रस्तुत किया। एक विचित्र आत्मबद्धता के साथ। मुक्तिबोध गहरे तक जानते रहे होंगे कि देश के राजनीतिक ताने-बाने में जब परिवर्तन होते हैं तो वैचारिक स्तर पर भी मानदंड बदल जाते हैं। उनकी कविता का आत्मिक कवि के गहन आंतरिक संवेदन से ही नहीं उभरता—पंक्तियों में गठित हो वह बाहर की बड़ी दुनिया से जुड़ी व्यक्ति-चेतना का अंग बन जाता है।

शब्द

उलट पुलट शब्द
टूटी हुई लाइनें
न उभरे हुए चित्र
न अपूर्ण लकीर
मुझे नहीं सूझता कि

मैंने क्या लिखा है
ढूँढ़ता हूँ किंतु मैं उन्हीं में कि
अटकी कुछ बात जो कि
भटकाती मुझे यों
अटकी हुई बात
किन खंडहरों में ढूँढ़ता हूँ
तहखानों में रखने का खजाना

हर दौर में हर भाषा का नया पुराना छोटा-बड़ा लेखक कभी न कभी ऐसी चिंताओं से घिर जाता है। इन रचनात्मक चक्रों में फँसा महसूस करता है और फिर शुभ मुहूर्त में अपनी गलती पर लौट आता है। मुक्तिबोध की लेखकीय रफ्तार के अनुरूप शब्द दौड़ते हैं जल्दी-जल्दी, पंक्तियों से कुछ ऐसा झलकता है कि उस ओर तत्काल बढ़ जाओ, जहाँ विराम प्रतीक्षा में है।

उन्हें टेरते हैं

हर लेखक को कभी न कभी ऐसे क्षणों का सामना करना होता है, किन्तु मुक्तिबोध की इन पंक्तियों को पढ़ हैरानी होती है। वह इस झुंझलाहट को न भी प्रकट करते तो भी अगली नई काव्य-पंक्तियों तक आसानी से पहुँचते-पहुँचते गद्य का मुखड़ा अपना लेते।

अब तक क्या किया
जीवन क्या जिया
ज्यादा लिया और दिया कम
मर गया देश
अरे जीवित रह गए तुम
लोक हित पिता को घर से निकाल दिया
जन मन करुणा से माँ को हकाल दिया
स्वार्थों के टैरियर कुत्तों को पाल लिया
भावना के कर्तव्य त्याग दिए
हृदय के मंतव्य मार डाले
बुद्धि का भाल ही फोड़ दिया
तर्कों के हाथ उखाड़ दिए

कवि के अंतस में छटपटाती आशंकाएँ, टकराहटें, उलाहने—मुक्तिबोध स्वच्छंद सर्जक की तरह अपने को संबोधित करते हैं और दूसरों के लिए दरवाजा खोलते हैं। उन्हें टेरते हैं, समय के शोर और सन्नाटों में अटपटा घट रहा है। उसकी ओर आपका ध्यान केंद्रित करते हैं।

लेखक का आत्मसंवाद

आज छंदों में उमड़ती आ रही है
जो कि सादे गद्य में खुलती रही
जो कि साधारण सड़क चलती रही
आज छाती में घुमड़ती आ रही है बात
रास्ता है पैर हैं और धैर्य चलता जा रहा है
किंतु उर में क्यों उदासी शाप सी
प्रत्येक चेहरे पर लिपी जो राख सी
प्राण है ओ बुद्धि का भी कार्य चलता आ रहा है
खड़ा है बल है हृदय में तो ओज भी तो कम नहीं
मैं महाशोधक महाशय सत्य जल का मीन हूँ
सत्य का मैं ईश ओ मैं सर्वप्रकाश हूँ परम स्रष्टा हूँ
किंतु उर में अश्रु है अति म्लान भी
स्नेह है आदर्श है और तेज भी तो कम नहीं
तर्क है ओ तर्क का राक्षस हमारे बाहु में है
सत्य की व्याख्या स्वयं हूँ
(जो सदा है शोधनीया)

सफल हूँ पथभ्रष्ट हूँ अविजेय हूँ
आधीन हूँ

हृदय में घुन-सा लगा रहता
पाप यह दारुण जगा रहता

अपने को महाशोधक, महाशय, सत्य का ईश और स्वप्न का स्रष्टा पुकारने वाले मुक्तिबोध अपने से संवाद करते हुए सादे गद्य की साधारण सड़क पर कविता को उतार लेते हैं। काव्य-परंपरा में वह भला पद्य और गद्य के अलग-अलग मुखड़ों को क्यों न पहचानते होंगे। फिर यह आत्मसंवाद दो स्तरों पर हो रहा है। अपने से और दूसरों से।

मैं तुझ तक पहुँचने की मूर्खता करना नहीं चाहता
बस इसलिए
उसके विरुद्ध प्रतिक्रिया के रूप में
मैं क्यों? न चिमगादड़ बनूँ
व धरित्रों की ओर मुँह कर
पैर तेरी ओर करता लटकता ही रहूँ
क्या है यहाँ

मुक्तिबोध अपनी काव्य-तरंगों के साथ-साथ उमड़ते तनावों और उछालों के दबावों तले बहते प्रवाह भी जानते थे। उग्र शिराओं में उतनी ही उतावली से प्रज्वलित होती उस लौ को भी जिन से उनकी सर्द पंक्तियाँ तपिश खींचती थीं।

जब प्रश्नचिन्ह बौखला उठे

जीवन के प्रखर समर्थक से जब
प्रश्नचिन्ह बौखला उठे थे दुर्निवार
तब एक समुंदर के भीतर
रवि की उद्भासित छवियों का गहरा निखार
स्वर्णिम लहरों से झल्लाता

झलमला उठा
मानो भीतर के सौ सौ अंगारे उतर
सब एक साथ
बौखला उठे
तमतमा उठे
संघर्ष विचारों का लोहू
पीड़ित विवेक की शिरा-शिरा में उठा गिरा
मस्तिष्क तंतुओं में प्रदीप्त
वेदना यथार्थों की जागी
मेरे सुख-दुख ने अकस्मात
भावुकतावश
सुख-दुख के चरणों की
मन ही मन
यों की पा लागी
कंठ में ज्ञान संवेदन के
आँसू का काँटा फँसा और
मन में वह आसमान छाया
जिसमें जन-जन के घर आँगन
का सूरज आसमान छाया
झुरमुर-झुरमुर वह नीम हँसा
चिड़िया डोली
फरफर आँचर तुमको निहार
मानो कि मातृभाषा बोली
जिस से गूँजा यों घर आँगन
खनके मानो बहुओं की चूड़ी के कंगन
मैं जिस दुनिया में आज बसा

जन संघर्षों की राहों पर

ज्वालाओं से
माँओं का बहनों का सुहाग सिंदूर
हँसा बरसा बरसा
इन भारतीय गृहणी निर्झरिणी नदियों के घर-घर में भूखे प्राण हँसे
दिल में आँसू के फव्वारे
लेकर मेरे से छंद बावरे
बुरी तरह अकुला कर
बूढ़े पितृश्री के चरणों में लोट-पोट कर
ऐसी पावन धूल हुए
बहना के हिय की तुलसी पर
पन छाया कर
मंजरी हुए
भाई के दिल में फूल हुए
अपने समुंदरों के विभोर
मस्ती के शब्दों में गंभीर
तब मेरा हिंदुस्तान हँसा

मैं व्यक्तिवादी नहीं हूँ

अपने लघु सांसारिक अहम को संबोधित करते हुए मुक्तिबोध अपने को सुझा रहे हैं कि सँवारने के लिए अपना बौद्धिक विस्तार करना होगा, इतना कि उसमें संपूर्ण विश्व समा जाए। ऐसा घटित हो सके इसके लिए तो मुझ जैसे को कई बार मरना होगा। जानता हूँ मैं व्यक्तिवादी नहीं हूँ पर मेरा अंतर विस्तार चाहता है। मैं Trans-Individual में विश्वास रखता हूँ।

हम जब अपने लघु सांसारिक अहम को पार कर विस्तृत जीवन के भागी होते हैं तभी हम आध्यात्मिक कुल तक पहुँचते हैं। हम व्यवहार और गहराई दोनों में Trans-Individual हो सकते हैं। मैं न साम्यवादी हूँ न समाजवादी, सच तो यह है कि आज का समाज व्यक्ति की गुणवत्ता को कुचल देता है।

(मुक्तिबोध)

स्वीकार करता चला जाता है

मुक्तिबोध अपने देश के ऐतिहासिक संकोचों को खूब जानते थे। वह आज भी पराजित शृंखलाओं से उठ धार्मिक, राजनैतिक वैमनस्य के दुष्प्रभावों का सामना करता है। ऐसा न होता तो मुक्तिबोध की रचनात्मक संपदा का मुख्य स्वर राजनैतिक चेतना का पर्याय न बन पाता जिसे हम उनके वैचारिक दृष्टिकोण में गहरे तक महसूस करते हैं।

मुक्तिबोध की रचनात्मकता में मात्र विचारोत्तेजक भाषिक प्रसार-प्रचार ही नहीं, उनका बहुस्तरीय सामाजिक दृष्टिकोण हमारी मानसिक जड़ता को भी कुरेदता है। संकीर्णता को तरेरता है।

स्वतंत्रता संघर्ष की जिस दिशा की ओर उस समय देश उन्मुख था, उससे भारतीय जन-मन आने वाले समय में उभरने वाले भावनात्मक और सामाजिक यथार्थ से अनभिज्ञ नहीं था। जनता-जनार्दन स्वतंत्रता-प्राप्ति के साथ जुड़ी नई संवैधानिक मर्यादाओं की ओर देख रहा था। यह मुक्तिबोध की पंक्तियों में लगातार यहाँ-वहाँ गोचर होता चलता है।

मुक्तिबोध की पंक्तियों में हमारा जन साधारण जिस भी चौखट से उभरता है, जिस रचाव-रसाव में अपने अभावों को, अपनी सामाजिकता को जीवन-शैली में स्वीकार करता चला जाता है, उनकी कविता में वह उसी तरह प्रकट होता है। मुक्तिबोध की सोच उनकी कविता से दूर नहीं। उसमें मात्र विचार-धारा का ही उद्‌घोष नहीं।

मुक्तिबोध की अपने पर निगाह

मैं सब में से गुजरना चाहता हूँ
इसलिए खुद को ही दूसरों को
दिए दिए फिरता हूँ।
अजीब है जिंदगी
बेवकूफ बनने की खातिर
सब तरफ अपने को लिए-लिए
फिरता हूँ

लेखकीय बिरादरी में कदम रखने वाले लेखक के जज्बे और खुमार को कौन नहीं जानता? सिरफिरे प्रबुद्धों की बिरादरी में अपने को लिए-लिए फिरना कितना जरूरी है–कितना 'प्राचीन' पहुँचे हुओं की संगत-सोहबत में अपने को देखना, उनकी रचनात्मक विरासत के निकट ही अपनों को पहचानने के दौर में अपने को लिए-लिए फिरना होता है।

सत्ता के परब्रह्म ईश्वर के आसपास

दुनिया की हाट समझ
जन जन के जीवन का
मांस काट
रक्त मांस विक्रय के
प्रदर्शन की प्रतिभा का
नया ठाठ
शब्दों का अर्थ जब
नोच खसोट लूट-पाट
सत्ता के परब्रह्म

ईश्वर के आसपास
सांस्कृतिक लहंगों में
लफंगों का लास रास
खूब हो कर तालियाँ
देते हुए गोल-मटोल
बिके हुए मुखों के
होंठों का अर्थ जब
सत्ता के लोहे के ठंठे से बचकर
जनता की दिग्विजयी
क्षमता से कतरा कर
सज्जन के पंच प्राण
करते जब अविश्वास
जन-बल में अश्रद्धा
स्वयं उन्हें देती है
आत्मविश्वास हानि
सज्जन की आत्मा तब
विधवा बन जाती है।

सत्ता की प्रतिष्ठा में हजार स्तुति-स्तोत्रों के बावजूद बुद्धिजीवी बिरादरी की रचनात्मक चेष्टाएँ शब्द और विचार की स्वतंत्र अस्मिता की सुरक्षा में प्रयत्नशील रही हैं।

तरह तरह के अहंकार विश्लेषण
चारित्रिक आख्यान,
जमाने के सूर व आयतें
सुनने को मिलती हैं
पग पग पर चौराहे मिलते हैं

बाँहें फैलाए रोज मिलती हैं
सौ राहें
नव नवीन दृश्यावली

लेखक की बात करें तो उसे अपने आसपास सौ-सौ विषय रोज मिलते हैं। मुक्तिबोध शायद 'सूर' के इन शब्दों की ओर संकेत कर रहे थे। "हर एक भाषा के लोग जब बातचीत करते हैं तो कहीं ठहर जाते हैं और कहीं नहीं ठहरते। कहीं कम ठहरते हैं और कहीं ज्यादा। और इस ठहरने और न ठहरने की बात के सही बयान करने और सही मतलब समझने-समझाने में बहुत दखल है।'

मेरा स्व जगमगाता रहता है

एक स्वप्न कथा
एक विजय और एक पराजय
मेरी शुद्ध प्रकृति
मेरा स्व
जगमगाता रहता है
विचित्र उथल-पुथल में
मेरी साँझ मेरी रात
सुबह व मेरे दिन
नहाते हैं—नहाते ही रहते हैं
अथाह समुन्दर के अथाह पानी में
उठते-गिरते हुए दिगवकाश जल में
विक्षोभित हिल्लोलित लहरों में
मेरा मन नहाता रहता है
साँवले जल में
फिर में फिसलते से किनारे को
पकड़ कर मैं

मैं कौंध कौंध उठता हूँ
इस कोने उस कोने
चकाचौंध किरणें वे नाचती
सामने बगल में

अपने से आग्रह करता हुआ लेखक

भाँति बीज की
कष्टों की गहरी गहरी
अँधियाली मिट्टी की
गीली गीली परतों
में डूबो डूबो और गल जाओ
बनो धरा प्रिय पात्र
अँधेरे में गहराई में झरते
उस तिमिर कठिन मृतिका
लोक की ठंडी
सिहरन की लंबी लंबी लहरें
तन मन के अस्तित्व लोक में कवि
वह घुले प्राण में।

तुम करो आत्मसाक्षात्कार

यह सम्भव है
पर निज चरित्र साक्षात्कार
ही दुर्लभ है
असम्भव है

कितने सहजता से कहा गया है कि हम आत्मसाक्षात्कार करें। यह तो सम्भव है पर अपनी खूबियों, खासियतों को ईमानदारी से पहचान लेना कितना असम्भव। हम सब कुछ जानते, पहचानते, अपनी कमियों, कमजोरियों को पहचानने की भला कहाँ हिम्मत रखते हैं?

कवि कविता पर

कविता अमर है
नहीं होगी कभी भी खत्म
कविता नहीं होगी
वह आदिम त्वरित काल
यात्री है
मैं उसका नहीं कर्ता
पिता धाता
कि वह कभी दुहिता नहीं होगी
परम स्वाधीन है
वह विश्व शास्त्री है
गहन गम्भीर छाया
आगमिष्यत के लिए।

विरोधी धाराएँ

ऐतिहासिक कालानुक्रम में भारतीय मानस अपनी सभ्यता, संस्कृति से उपजे अन्तर्विरोधों में समानान्तर प्रवाहित होता रहा है। लेखक-कवि इन कृतियों को अपने-अपने विश्वासों के अनुरूप रचनात्मक अहसासों में प्रखरता से प्रस्तुत करते रहे हैं। साहित्य में यह विरोधी धाराएँ हमारी कविता के सगुण-निर्गुण में प्रतिध्वनित होती रही हैं। कभी महिमागानों में और कभी मुक्तिबोध लिखित पंक्तियों में–नालायक ट्रेजेडी, जमाने की दुखान्त मूर्खता में।

अपने व्यक्तित्व के लेखकीय हिस्से से आतंकित और काफी हद तक आक्रांत मुक्तिबोध निज केंद्रित स्वभाव के तनाव और उछाल को खूब पहचानते रहे होंगे। उस रफ्तार को भी जिसके चलते उनकी गर्म शिराएँ उन्हें शब्द-छवियों की ओर धकेलती थीं जहाँ कविता का सोता झमझमाता है। उन्हीं के शब्दों में–

चाहिए मुझे मेरा पाषाण
चाहिए मुझे मेरा आसंग बबूलपन–
कौन हो कहीं की अजीब तुम
बीसवीं सदी की एक
नालायक ट्रेजेडी
जमाने की दुखांत मूर्खता

विश्वास की पुष्टि

मुक्तिबोध की प्रतिबद्धता किसी भी विचारधारा की रही हो वह अपनी सजगता में अपने समय को देखने से कतराए नहीं। वह एक ऐसा समय था जब विश्व-भर के समाज में नये-नये परिवर्तनों के साथ नई-नई विचार-क्रांतियाँ भी मानवीय परिवारों में उभर रही थीं। नई अर्थव्यवस्था, नई बराबरी की सामाजिक, राजनैतिक विचारधाराएँ सिर उठा रही थीं। प्रचलित मान्यताओं को परे ठेल सामंतवाद को उखाड़ देने के पीछे पड़ी थीं। बड़े जन समुदाय अपने में आत्मबल समेट कर अपनी शक्ति को सुदृढ़ करने को वचनबद्ध थे। ऐसे कालखण्ड में भारत के नागरिक नये सत्ता-तंत्रों से अनजान नहीं थे।

स्वतंत्रता संग्राम में जूझ रहे बुद्धिजीवियों की तरह भारतीय जनता साम्राज्यवाद, साम्यवाद और तानाशाही तंत्रों को भी नजर में रखे हुए थी और इसी के साथ-साथ गांधी के अहिंसावादी दर्शन को भी। जो जनता-जनार्दन में गांधी के असहयोग आंदोलन के लिए विश्वास की पुष्टि करता था।

अप्रस्तुत श्रोता और अनुपस्थित पाठक को संबोधित करते हुए मुक्तिबोध–

ओ अप्रस्तुत श्रोता
ओ अनुपस्थित पाठक
मैं अँधेरे-कारखाने के
स्याह धुएँ के बहाव में से निकल कर
अंगारे सा
उड़-तिर कर चुपचाप तुम्हारी छत पर
चोरी-चोरी आ पहुँचा हूँ

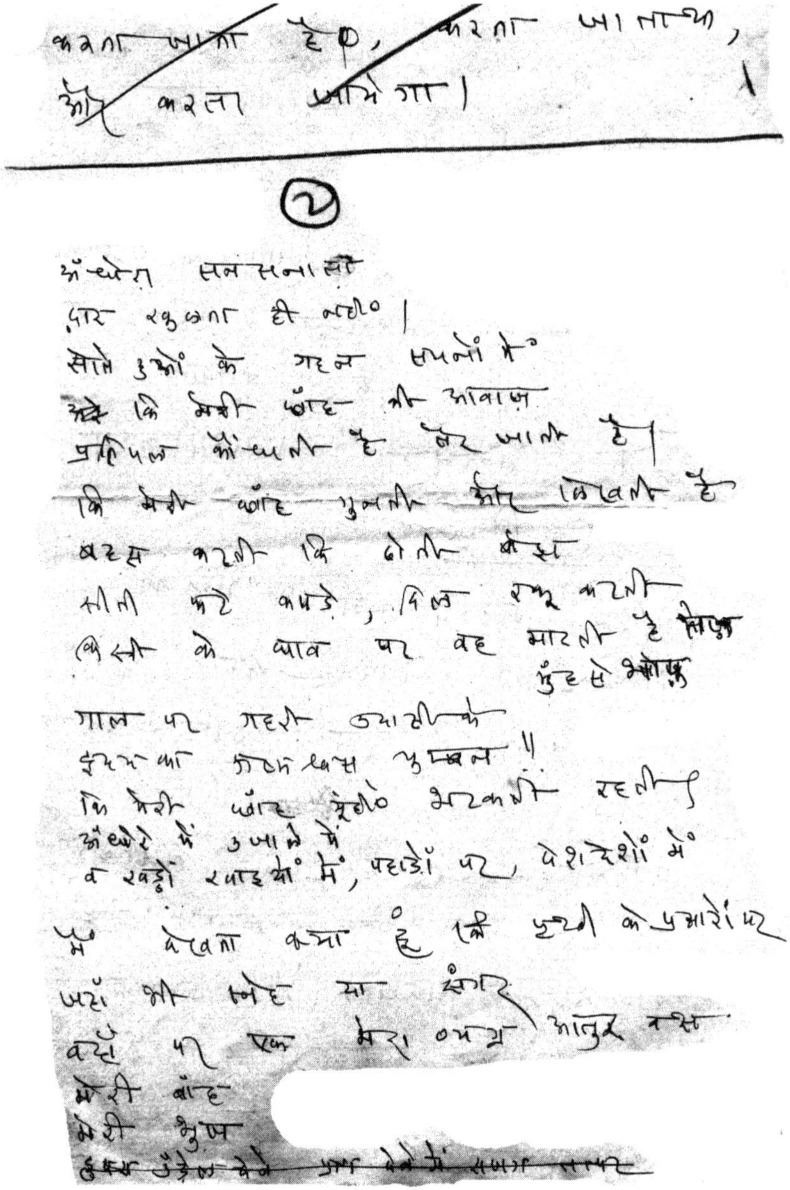
करता आता है, करता आता था,
और करता जायेगा।

(2)

अँधेरा सनसनाता
पार रुकता ही नहीं।
सोते हुओं के गहन सपनों में
कि मेरी चाह की आवाज़
प्रतिपल कोंपती है तैर जाती है।
कि मेरी चाह घुमती और खिलती है
बहस करती कि धोती बाँस
सीती फटे कपड़े, किन्तु रफू करती
किसी के घाव पर वह मारती है
मुँह से भाप
गाल पर गहरी उदासी के
हृदय का [illegible] चुम्बन!!
कि मेरी चाह यों ही भटकती रहती
अँधेरे में उजाले में
व खड्डों खाइयों में, पहाड़ों पर, देश देशों में
मैं देखता कहा हूँ कि पृथ्वी के पठारों पर
जहाँ भी स्नेह सा संगर
वहीं पर एक मेरा व्यग्र आतुर रस
मेरी चाह
मेरी भूख

मुक्तिबोध की हस्तलिपि
(सौजन्य : अग्नेष्का सोनी)

पर जलाऊँगा नहीं तुम्हें
मैं अपनी कविताओं से
हाँ अंधेर-कारखाना यह
जिसकी लाल भड़क बेताब धमन भट्टी में
झोंक खुद ही को रोज
आत्महत्या करता है व्यक्ति
किंतु वह पुनर्जन्म पा
विकसित करता नया एकदम नया
पेट धड़ सींग पूँछ और पंख
और फिर उड़ता फिरता
चलता फिरता
खूब बोलता फिरता
किंतु द्वंद्व स्थिति में स्थापित यह
मेरा वजनदार लोहा
लाल लाल
उन भयंकर अग्नि-क्रियाओं में
तेज धकेला जाकर
पिघलते हुए दमकते हुए
तेज पुंज गहन अनुभव का छोटा-सा दोहा बनता है।

मुक्तिबोध के भीतर उनके और उनके अहम में पसरा था—एक साथ सूक्ष्म और उभरते संसार में धरती का-सा बड़ा विस्तार। उनके यहाँ तालाब, झरने, नद-नदियाँ, पठार-पहाड़, शिखर, चाँद-सूरज और सितारों के अंबार हैं। उनकी कविता इस लोक के, पृथ्वी के बड़े लैंडस्केप में से होकर संचारित होती है।

बशर्ते तय करो
किस ओर तुम हो

हरियाती धरती

पुनः पुनः हरियाती धरती के उस छोर पर दहकती चमचमाती धूप में बाँकी झमझमाती नदियों की अपार गुत्थई में उस विराट की हस्तलिपि झाँकती है। इसे मुक्तिबोध अदेखा नहीं करते।

आज मैं
तुमसे मुलाकात नहीं करूँगा—
क्यों कि तुम वही कहोगे
जो मैं हजारों सालों से
सुनता आया हूँ
मुझ से आज सलाह न ली
अशुद्ध है उस दिन की तरह
जिसमें नमकीन धूल की
परदे झड़ते हुए
सारा आसमान धुँधला
कर देते हैं
पर सूरज की गरमी कम नहीं होती
उसका प्रकाश भी मटियाला होता है।

मिथ्याचारी भ्रष्टाचारी

मिथ्याचारों भ्रष्टाचारों की मध्यरात्रि में सभा ओर
खुदगर्जी के बदसूरत स्याह दरख्तों की
गठियल डालों पर धूल
फाँसी के फंदों में मानव आदर्श प्रेत
जैसे सूखे जंगली बबूल
जैसे निर्हेतुक जीवन की शुष्क कविता
सत्ताधारी की पैशाचिक हड्डी के पंजे की सत्ता
जीवन हत्याओं की काली यह
रोमहर्षमय देश कथा
अब क्षितिज क्षितिज पर गूँज रहा
चीखता हुआ-सा एक शोर
शोषण के तलघर में अत्याचारों की चाबुक मार घोर।

हमारा जीवन त्रिकोणात्मक है

"हमारा जीवन त्रिकोणात्मक है। उसकी एक भुजा हमारे बाह्य जगत या मानवीय संबंधों के विशिष्ट क्षेत्र अर्थात वर्ग जगत और उस जगत के बीच में से होती हुई उस छवि तक पहुँच जाती है जिसे हम देश और जाति की राजनीतिक सामाजिक स्थिति कह सकते हैं। हमारी दूसरी भुजा हमारा वह अंतरंग जीवन है कि जो बाल्यकाल से ही बाह्य की क्रियाओं और उनके रूपों को आत्मसात करता है। उस बाह्य के विरुद्ध या अनुकूल प्रतिक्रियाओं को संवेदनात्मक पुंज बनाता हुआ उनके सहारे जीवन ज्ञान का विकास करता है।"

मुक्तिबोध की रचनात्मकता मात्र विचारोत्तजक भाषिक प्रसार प्रवाह ही नहीं। उनकी बहुस्तरीय सामाजिक दृष्टि में खुदा है। वह हमारी जड़ता को भी कुरेदती है। संकीर्णता को तरेरती है। उद्‌देश्य इतना ही कि हम अपनी कुरीतियों कमजोरियों को बदलने का मिजाज बनाएँ।

कौन है अभागा

वही जो मानवीय मूल्यों की
तथाकथित सीमाओं से दूर
जो नवघटित मूल्यों के
चलते भी जातीयता के
बाघ नखों का शिकार है।
वही है अभागा कोई और नहीं।

आलोचक की ठंडी अन्तर्दृष्टियों से हटकर साहित्य का साधारण पाठक मुक्तिबोध की पंक्तियों में उस मानवीय ताप को भी महसूस करता है जो इनसानी नस्लों को हजारों सालों से सालता रहा है। इनसान और इनसान में महत्त्वाकांक्षी बराबरी का वह रोमांस जिसके साथ मानवता के संघर्ष की लम्बी लड़ाई लड़ी जाती रही है। क्या यह दूसरों के अधीन रहने का आक्रोश था या दबी हिंसा के वे उछाल शब्द जो हमारे अन्तर की प्रतिध्वनियाँ हैं।

मेरी सरहदें

मेरी सरहदें अनेकों ब्रह्मांडों को
घेरकर फैल जाती
या एकाग्र सिमटती थी
मुझमें मेरा
गेरुआ मौसम
उठते हैं अंगार
अवचेतन उत्तेजना
में ही नाच उठते हैं
बड़े-बड़े आकार
हृदय में चुपचाप होती
चर्चा–
मैं उसे बहुत ध्यान से
सुनता, पढ़ता हूँ।

(मुक्तिबोध)

मुक्तिबोध ने अन्तरमन के रचनात्मक गलियारे में एक आलोचक भी बिठा रखा था।

रहस्यमय आलोक

कवि स्त्रष्टा है। उसकी सरहदें असीम हैं। अन्तःस्थ से उठकर कब असीम उसकी आँखों में आ उतरे– कब रहस्यमय बड़े-बड़े आकार और आकृतियाँ उसको घेरती उत्तेजनाओं में दीप्त हो जाने और कब रहस्यमय आलोक से कवि पंक्तियों में उजरा कैसे कह सकते हैं।

हवा चुप रही थी कि
वह हँस पड़ी थी और
टीले ने फिर कहा–
अपने समाज में
सच मैं अकेला हूँ
जिनसे है श्रेणीगत एकता
वे मुझसे दूर हैं।

मुझे दुश्मनी निगाहों से देखते
जो मुझसे एकदम भिन्न हैं
वे मेरे मित्र हैं
परन्तु गुण-धर्म जो
स्वाभाविक उनके हैं
मेरे न हो सके
इसीलिए पंगु हूँ

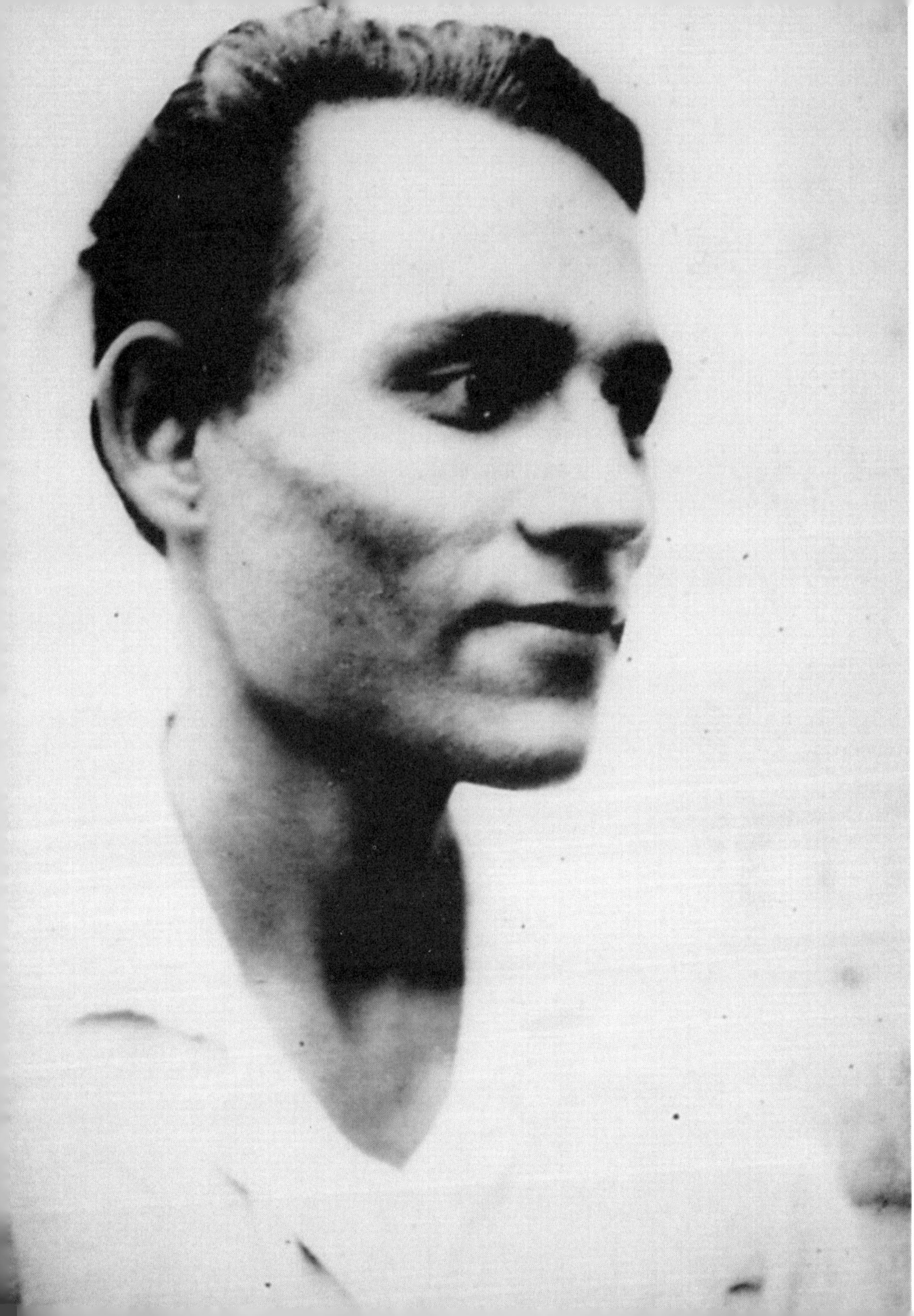

नहीं

हर लेखक 'वृथा' को अपने निकट देखना नहीं चाहता। अपने सर्जनात्मक धर्म, कर्म और मर्म को लेकर कभी अपने शब्दों पर सम्मोहित होता है, कभी नई रचना की शुरुआत पर सोच-विचार करने लगता है।

क्या मैं मात्र जिज्ञासा हूँ। नहीं। परतों के रहस्यों की खोज में व्यस्त रहता हूँ। मेरे आन्तरिक द्वन्द्व, उधेड़-बुन जैसे भी हों—सोच का यह बिन्दु रचना का गति अवरोधक नहीं हूँ।

जाने किस रोग, बीमारी के अवसादग्रस्त क्षणों में मुक्तिबोध ने अपने को स्थगित-अध्याय का सम्बोधन दिया होगा। कविगण कभी स्थगित नहीं होते। उनकी कविताएँ समय की शृंखलाओं से सदैव जुड़ी, बँधी रहती हैं। कविता गतिशील है। वह अमर है। कविता ही इस लोक के नश्वर में बहते समय को अपना समय और समय से काल बनाती है और तन्मयता में गूँथ लेती है। नश्वर ध्वनियों को अनश्वर बना लेती है।

कविवर मुक्तिबोध! कवि न स्थगित होते हैं, न ओझल होते हैं, कविता की गतिशीलता कभी स्थगित नहीं होती वह चाहे आकाश में हो, चाहे समुद्र में हो, चाहे इस धरती पर। पंक्तियों की यह गतिशीलता ही कविता कहलाती है।

संसार के पन्नों पर

हिन्दी का सजग पाठक वर्ग हैदराबाद से प्रकाशित होनेवाली पत्रिका 'कल्पना' के सम्पादक मंडल का सदा आभारी रहेगा जिसने मुक्तिबोध की कविता 'अँधेरे में' प्रकाशित कर मुक्तिबोध के हस्ताक्षर को सदी के साहित्यिक विस्तार पर स्थित कर दिया।

1917 में जन्मे मुक्तिबोध की रचनाएँ 2017 में शताब्दी पार करेंगी। उनकी विलक्षण कवि सम्पदा की तपिश उनकी कविताओं में दमकती रहेगी। भारतीय राष्ट्र की चौकन्नी गरमाहट, बौद्धिक आत्मविश्वास और स्वाधीन देश के नागरिक होने का गहरा अहसास हमारी सतर्क साहित्यिक बिरादरी का दिशा-निर्देश करता रहेगा।

उनके कवि मन की तपिश उनकी कविताओं में सदा दमकती रहेगी। साहित्य, समय और समाज में मुक्तिबोध की विरासत देरों तक कायम रहेगी। स्वतंत्र देश का नागरिक होने के नाते जो छवि मुक्तिबोध ने अपने रचना-संसार में लेखकों की अंकित की है वह कमोबेश नए स्वाधीन भारतीय इतिहास का परिचायक है। सदियों से अपनी बौद्धिक मुद्राओं को अनुशासित किए हुए बौद्धिक संसार को मुक्तिबोध की पंक्तियों में 'नए भारतीय कवि के नए आत्मविश्वास' को कुछ ऐसे स्वचालित किया कि पुराने ऐतिहासिक संकोचों की स्वीकृति सार्वजनिक कविता की सगुण-निर्गुण धाराओं में कुछ देर के लिए लुप्त हो गई। वह देश की असमर्थता में हमारे कवि परिवार की ऐतिहासिक तन्मयता थी जिससे भारतीय कवि-धारा सृजित हुई। मुक्तिबोध ने शिल्प और कथ्य की काव्यात्मक भंगिमाओं को नए मुहावरे में अपने काव्य-संसार के पन्नों पर फैला दिया। वह स्वाधीन भारत की अवधारणा को मात्र आज्ञाकारी बेटों की तरह नहीं—राज्य और भारतीय राष्ट्र के विशाल, विराट लोकतंत्र को विकास पुत्रों की तरह देख रहे थे। प्राचीन भारतीय सभ्यता, संस्कृति के वैभव, गौरव की अतिशयोक्ति पर नहीं, भारतीय सामाजिकता में उत्पीड़ित और शोषण की जातिवादी प्रवृत्तियों पर भी नजर रखे थे। उनकी सतह को टटोल रहे थे। ऐतिहासिक कालानुक्रम में भारतीय मानसिकता के उन पूर्वग्रही पक्षों पर भी जो सदियों के बाद पुराने मुखौटों को सरकाकर नए लोकतांत्रिक मूल्यों से समादृत सम्पन्नता की ओर दृष्टि जमाए थे।

जांच रहे थे

मुक्तिबोध के रचना संसार में भारतीय बुद्धिजीवी की जो नई छवि प्रत्यक्ष होती है–वह स्वतंत्रता प्राप्ति के संघर्ष काल में जाग्रत नए अहसासों और सपनों की है। स्वतंत्र भारत में भारतीय नागरिक सदियों-सदियों के बाद अपने स्वाधीन शक्ति गलियारों की क्षमताएँ जाँचेंगे और उन्हें बराबरी के मानवीय उत्कर्ष की ओर ले जाएँगे।

भारतीय समाज का एक बड़ा प्रबुद्ध अंग जातीयता की वर्गीय संरचना को व्यवस्थित करने के बहाने हमारे राष्ट्र राज्य की अवधारणाओं को गौण करके देखने की कोशिश में था। विचारधाराओं के नए मुखड़ों से उभरते इनसान के नए नस्ली संघर्ष ने अन्तर्विरोधों के बावजूद हमारी मनोवृत्तियों को भी प्रभावित किया। भारतीय प्रबुद्धों ने मानवीय परिवार के एकत्व के मूल को सुरक्षित रखा।

वैज्ञानिक परिवर्तनों से बदलती जीवन-शैली, नए जीवन-मूल्य और यथार्थबोध मानवाधिकारों के बुनियादी सिद्धान्त इन नए समयों में समाज के अभावग्रस्तों की ओर इस नए दौर में सहानुभूति से देख रहे थे।

भारतीय समाज में जातीयता का संक्रमण, विभिन्नताओं के पक्ष-विपक्ष के पार देखते मुक्तिबोध अपने यहाँ के उत्पीड़क, सांस्कृतिक यथार्थ को भी जाँच रहे थे। उनकी रचनात्मकता इस बात का प्रमाण है।

मुक्तिबोध अपनी आन्तरिक जटिलताओं को समझते थे। वह अपने स्वाधीन समय के उस दौर को किसी आध्यात्मिक संकट की तरह नहीं देख रहे थे–विश्व-भर की हलचलें जिस दिशा की ओर बढ़ रही थीं वह मानव समाज में उभरते नए सामाजिक और राजनीतिक तत्त्वों की ओर संकेत करती थीं जो नागरिक समाज की महत्त्वाकांक्षाओं की भूमिका को आत्मसात कर रहे थे।

कल्पना समय

स्वतंत्रता-प्राप्ति के बाद *कल्पना समय* हमारी लेखकीय पीढ़ी के लिए साहित्यिक वैचारिकता और नए रचनात्मक संस्कार का समय था।

राष्ट्रीय परिदृश्य पर भारत का सांस्कृतिक 'देसीपन' नए आत्मविश्वास से पुरानी विरासत और नए विकासशील देश के समाजशास्त्र में सामंजस्य बिठा रहा था। भारतीयता की ऐतिहासिक निरन्तरता अपने बहुआयामी स्वरूपों में एक साथ साहित्य और कलाओं में दृष्टिगोचर थी। बड़े-बड़े बाँधों और योजनाओं के सपनों को हकीकत में ढालने के साहसिक पैमाने और लोकतांत्रिक मूल्यों की स्थापना के आग्रह सामाजिक और बौद्धिक ऊर्जा के नए संकेत दे रहे थे। जनमानस पुरानी रूढ़िग्रस्त मानसिकता से अलग एक स्वाधीन विकासशील देश के पुनरुत्थान में पुरानी गरिमा और नई कार्य-संस्कृति का सम्मिश्रण करने में प्रयत्नशील था।

नगरों-महानगरों और दूर-दराज के ग्रामीण अंचलों में एकत्व के नए संवेदन को लक्षित किया जा रहा था।

साहित्य के क्षेत्र में नई-ताजी प्रवृत्तियाँ, उत्तेजनाएँ और शैलियाँ उभर रही थीं। राजनीतिक शक्ति, प्रभुत्व के ताने-बाने अभी गहराए नहीं थे और नए-पुराने प्रयोगों के बावजूद साहित्य का साहित्यिक वर्चस्व अभी कायम था। ऐसे में *कल्पना* जैसी गम्भीर पत्रिका का प्रकाशन और पाठक वर्ग में उसका वितरण निश्चय ही साहित्य और राजनीति के अन्तर्निहित सम्बन्धों का सन्तुलित स्वरूप प्रस्तुत करता था।

कल्पना एक बड़े हिन्दी परिवार की निजता और उसकी सार्वजनिक सामाजिकता को रेखांकित कर रही थी। बौद्धिक स्तर पर *कल्पना* नए लोकतांत्रिक समाज के व्यक्तित्व और सामूहिक चेतना को उबारने में तत्पर थी।

उन दिनों किसी भी छोटे-बड़े, प्रौढ़-युवा लेखक का *कल्पना* में प्रकाशित होना उसकी रचनात्मक सम्भावनाओं को ही प्रकट करता था। यह याद करना और दोहराना जरूरी है कि *कल्पना* के सुयोग्य

सम्पादक-मंडल ने जिन लेखकों को प्रकाशित किया, उन्हें सहज ही अपने सम्पादकीय आतंक से दूर रखा। इसका एक कारण यह भी कि सम्पादक और लेखक के बीच अभी ऊपर-नीचे की द्वन्द्वात्मक खींचातानी आरम्भ नहीं हुई थी और न ही उनके बीच विचारधारात्मक सम्बन्ध उभरे थे।

उस समय की प्रवृत्तियों का चयन और साहित्य की मुख्यधारा का अनिवार्य स्वरूप एक प्रबुद्ध प्रासंगिकता का सम्प्रेषण करता था। *कल्पना* साहित्य के गहरे विवेक से व्यवस्था और लेखक वर्ग के दरमियान राजनीति और विचारधाराओं की निकटता और दूरियों के प्रस्तुतीकरण में प्रबुद्धों को उनकी आस्थाओं और विश्वासों के प्रति आश्वस्त करती थीं।

कम विस्मयकारी नहीं कि हमारी पीढ़ी के जिन लेखकों को *कल्पना* ने प्रकाशित किया, उनमें से बहुतों ने अगले दशकों में अपनी कृतियों से भारतीय साहित्य को समादृत किया। रचनात्मक प्रतिभा के बल पर लेखकीय ईमानदारी को प्रतिष्ठित और प्रमाणित भी किया।

विदेशी सत्ता से स्वाधीन होने के बाद भारत की जनता जनार्दन साधारण, असाधारण और प्रबुद्ध सभी नए दौर में उभरते भारतीयता के अलग-अलग रंगों में महत्त्वाकांक्षाओं को उभारने लगे थे। भारतीय जीवन में नया उत्साह, नई वैचारिक स्फूर्ति प्रकट होने लगी।

सीमित साधनों के सहज, संयमित प्रकरण धीरे-धीरे मौन होने लगे और दूर से आती आहटों ने गम्भीर साहित्यिक प्रकाशनों का स्वरूप लेना शुरू किया।

सुयोग्य सम्पादक और प्रकाशक श्री बद्री विशाल पित्ती और *कल्पना* के सम्पादक मंडल ने जिन रचनाकारों की रचनाओं को प्रकाशित किया उन्हें प्रबुद्ध पाठक वर्ग ने सहज ही गम्भीरता से अपनी चेतना में जज्ब किया।

दिल्ली के ऑल इंडिया मेडिकल इंस्टीट्यूट का कमरा

कवयित्री कान्ता पित्ती का फोन था—आज शाम मुक्तिबोध जी को देखने जाऊँगी। क्या आप भी जाना चाहेंगी?

कान्ता जी आज शाम मुझे ऑफिस में देर होगी—मैं कल जा सकूँगी। धन्यवाद।

दिल्ली के ऑल इंडिया मेडिकल इंस्टीट्यूट का कमरा।

पलंग पर मुक्तिबोध। यह कैसी आहटें हैं—जैसे सिरहाने से उड़कर दूर जा रही हों। दूर-पास, फिर दूर—फिर पास। अपने सिर को छुआ। बाल यह कभी घने हुआ करते थे।

लौट आओ गजानन—
कौन सिस्टर?
डॉक्टर साहिब आए हैं—

धुँधलका—

कमरे में रोशनी क्यों कम हो गई? अँधेरे के टुकड़े कमरे में तैरने क्यों लगे? क्या साँझ हो गई। सँझाता समय उतर आया। आकाश गहरा रहा है। सायं-सायं हवाएँ कमरे में फहराने लगीं। उजालों के आकार—कहाँ गुम हो रहे हैं? क्या बत्ती गुल हो रही है।

अँधेरे में कहाँ जा रहा हूँ?
ऊपर से नीचे गिरने लगा हूँ–यह क्या?
कैसा धुँधलका है?
और मैं–
उसी तिलस्मी खोह में गिरने लगा हूँ–
अशोक श्रीकान्त मुझे पकड़ो–
डॉक्टर को बुलाओ।
वही तिलस्मी खोह–
यहीं बन्द हो जाऊँगा–
अपने से खो जाऊँगा–
पकड़ो पकड़ो मुझे–
अशोक श्रीकान्त–
मुझे हाथ दो–
डॉक्टर को बुलाओ–
थामो थाम लो–

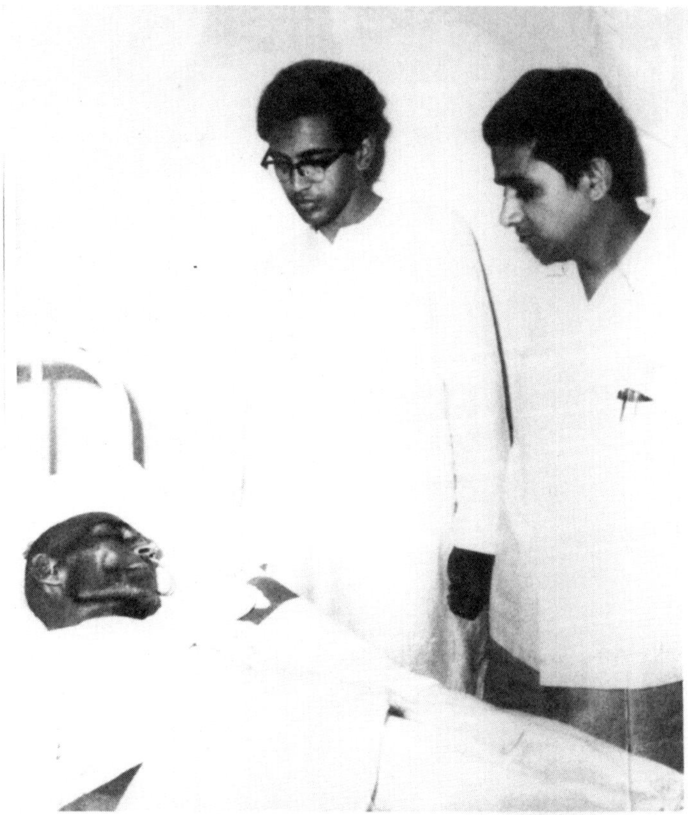

हिन्दी के भाषायी सन्दर्भ में राजधानी की वह ऐतिहासिक शाम थी जब मृत्युशैया पर पड़े मुक्तिबोध के पास खड़े थे भविष्यदर्शी दो भारतीय कवि अशोक वाजपेयी और श्रीकान्त वर्मा। शायद यह पहली बार था कि राजधानी की प्रेस ने मुक्तिबोध के जाने के बहाने हिन्दी के दो प्रमुख कवियों अशोक वाजपेयी और श्रीकान्त वर्मा की उपस्थिति की खबर दी थी।